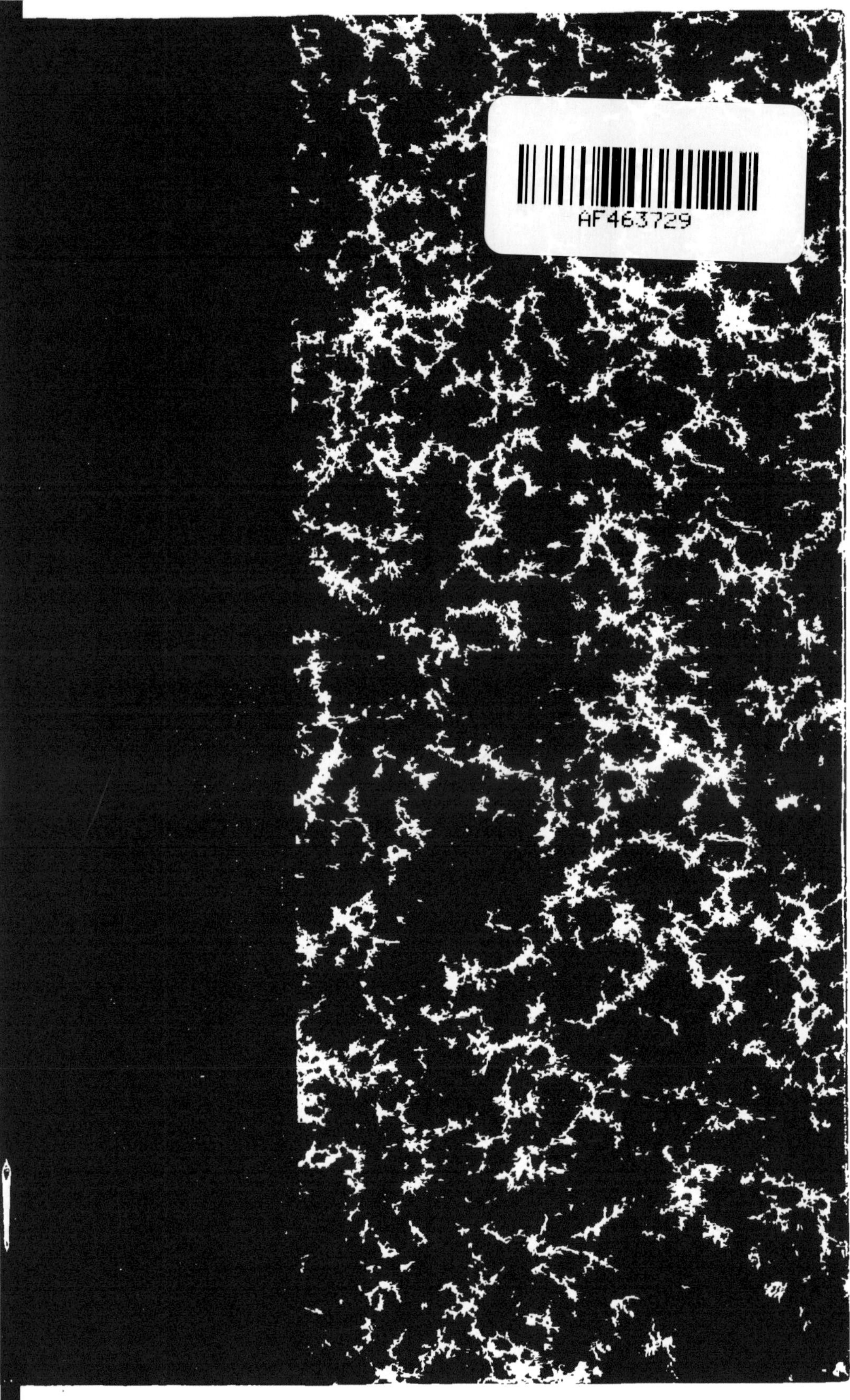
AF463729

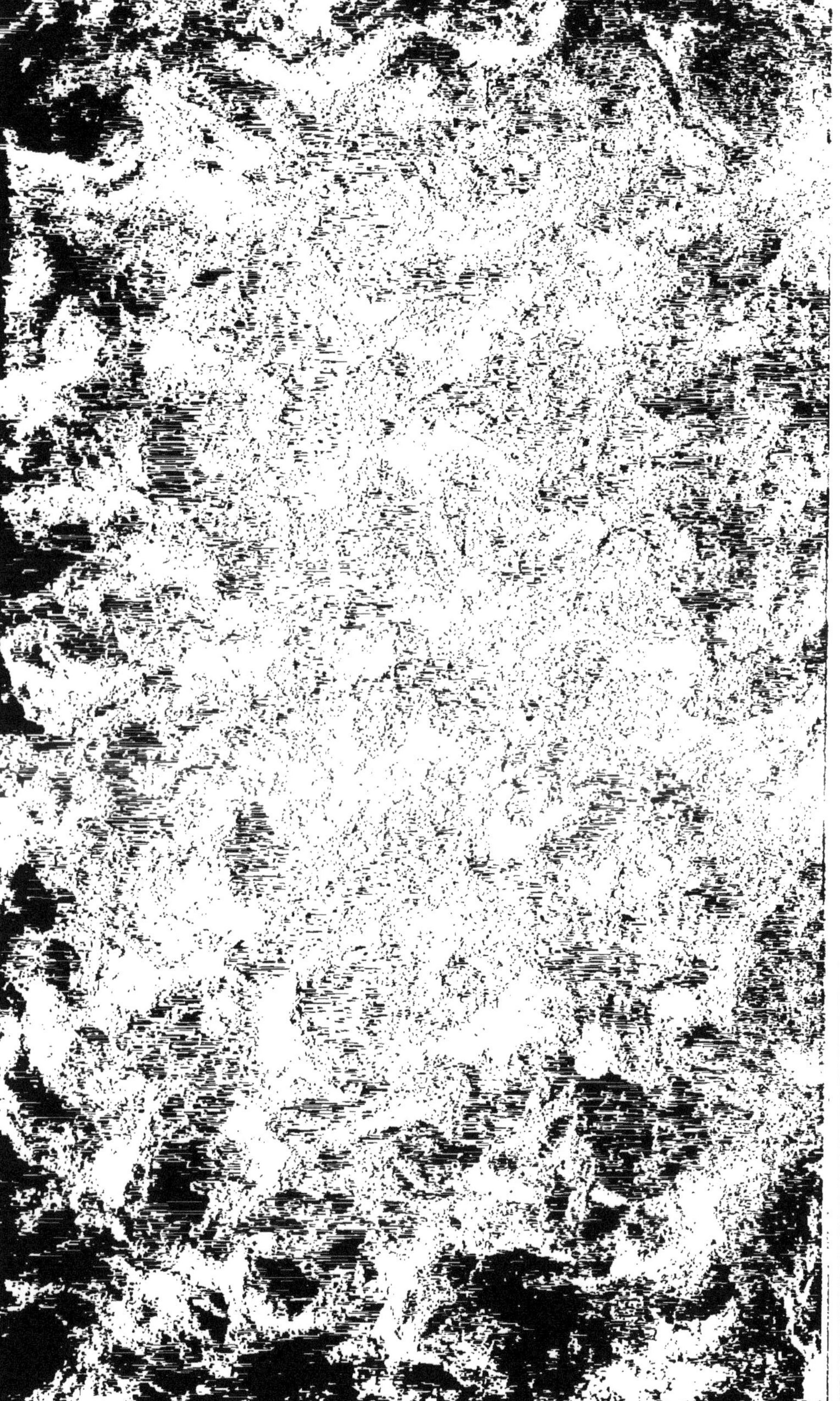

GENOTTE 1966

…UIS LES…

…AU REGNE DE DOM CARLOS Ier

PAR

…DOUARD SILVERCRUYS

LE PORTUGAL

depuis les Carthaginois jusqu'au règne de Dom Carlos Ier

LE PORTUGAL

DEPUIS LES CARTHAGINOIS JUSQU'AU RÈGNE DE DOM CARLOS Ier

PAR

ÉDOUARD SILVERCRUYS

"La force n'est que le tyran du monde,
le droit en est le souverain".

(Mirabeau à la Constituante).

LILLE
TYPOGRAPHIE ET LITHOGRAPHIE LIÉGEOIS-SIX
244, Rue Léon Gambetta, 244

1892

A MA GRAND'MÈRE

A MON ONCLE OSCAR LECONTE

Commandant au 4e Régiment de Ligne

A MONSIEUR HALLOT

Secrétaire du Comité des Fêtes de Charité Russo-Belges
du 24 Avril 1892

Témoignage de respect, de dévouement et de gratitude.

INTRODUCTION

"Les Peuples heureux n'ont point d'histoire" *ce vieil adage poétique est-il vrai? nous ne saurions trop comment résoudre la question, car depuis l'empire le plus colossal jusqu'au duché le plus minime, depuis les glaçons éternels du pôle jusqu'aux arides sables du désert, chaque peuple, chaque nation, chaque tribu, chaque famille, conserve dans ses souvenirs des chefs-d'œuvre et des faits d'armes plus ou moins remarquables d'illustres capitaines, de héros, de génies, de savants dont les mémoires se sont transmises de père en fils, et qui réunies, rassemblées, collationnées, doivent nécessairement former l'histoire du sol qui les a vus naître, de la patrie qui les a vus grandir, prospérer et disparaître.*

En écrivant cette histoire nous nous sommes contentés de rapporter les différents faits qui la forment, froidement, brusquement, sans trop nous occuper des règles de l'exigeante littérature; nous avons rapporté le passé, nous racontons le présent, nous envisageons l'avenir, non pas en nous mettant au point de vue littéraire, mais simplement en historien, notre style peut paraître froid, sans couleur, rempli de transitions brusques et choquantes, mais l'histoire y conserve du moins sa fidélité, son exactitude et sa précision.

Si les lecteurs veulent bien nous suivre, nous allons remonter vers des temps déjà très loin de nous, et vers un pays qui, au Moyen-Age, s'opposa avec énergie contre les envahissements de l'islamisme pour entrer plus tard dans le grand mouvement de civilisation qui, au XVe et au XVIe siècle excitait l'Europe tout entière à des conquêtes lointaines et inconnues ; et qui, après avoir brillé, après s'être fait craindre, après avoir été admiré, se retira modestement pour vivre dans la paix et la tranquillité, abandonnant cette immense scène politique où l'on voit les peuples méfiants s'épier, s'entregorger et se sourire; les révolutions éclater, les trônes crouler, les républiques disparaître continuellement, tandis que les gouvernements s'époumonent sournoisement à parler de paix et de prospérité.

Salut à toi, Portugal, terre bénie, toi que le patriotisme et le zèle de tes habitants ont su rendre si digne d'intérêt, l'Europe envie ton histoire, les pays ta tranquillité, et les peuples la magnanimité de ton roi!

LE PORTUGAL

CHAPITRE PREMIER

La Péninsule Ibérique jusqu'à la chute des Musulmans, 1212

Description physique : les habitants, leur origine.

L'alhambra ! l'alhambra ! palais que les génies
Ont doré comme un rêve et rempli d'harmonies;
Forteresse aux arceaux festonnés et croulants
Où l'on entend, la nuit, de magiques syllabes,
Quand la lune à travers les mille arceaux arabes
Sème les murs de trèfles blancs !
(VICTOR HUGO).

L'histoire de l'Espagne et du Portugal a, durant de longues années, été intimement unie, nous serons donc obligés, dans les débuts, de faire, en quelque sorte, l'histoire de ces deux peuples qui, au Moyen-Age, s'unirent dans les luttes courageusement soutenues contre l'islamisme ; les affinités du langage de ces deux pays, de leurs chroniques, de leur origine, de leur caractère, la situation géographique des contrées qu'ils occupent feront suffisamment comprendre au lecteur pourquoi nous sommes forcés d'intercaler souvent des faits concernant peut-être plus particulièrement l'Espagne.

TOPOGRAPHIE. — La Péninsule Ibérique (1) ou Hespérie (2), connue plus généralement encore sous le nom d'Hispanie (3), est située au confluent méridional de l'Europe et forme en quelque sorte une barrière infranchissable où viennent se briser les vagues écumantes et furieuses de l'Atlantique, et échouer les flots moutonneux et azurés de la Méditerranée. Le Portugal a pour bornes au Nord et à l'Est l'Espagne, au Sud et à l'Ouest l'Océan Atlantique; le niveau du sol, assez élevé au-dessus de celui de la mer, forme, avec le restant de la Péninsule, un gigantesque plateau servant de base à un grand nombre de chaînes de montagnes: la sierra (4) de Cuença, la sierra Morena, la sierra Nevada, qui termine la courbe sineuse convexe des monts ibériques, la sierra de San Mamès, de Cintra, la sierra

(1) Pays des Ibères.

(2) Hespérie, contrée du couchant.

(3) Hispanie ou contrée des Lapins, dérivant de "span" mot phénicien qui signifie "lapin". Cette partie de l'Europe était jadis fort fertile en lapins, aussi les peuples de l'antiquité représentèrent l'Hispanie sous les traits d'une femme couchée ayant à ses côtés un lapin, de là le nom de Span, d'où Hispanie et se rapportant à la Péninsule Ibérique toute entière.

(4) Sierra ou Scie, les Espagnols et les Portugais ont donné ce nom aux chaînes de montagnes dont le profil découpé sur l'horizon par les collines, les crêtes et les sommets rendent assez bien dans le lointain l'illusion d'une gigantesque scie.

d'Estrella et la sierra de Monchiqua, dernières pentes des chaînes espagnoles, les gorges de ces montagnes renferment des mines d'or et d'argent, de fer, de plomb, de cuivre et de mercure fort exploitées de nos jours, déjà même dès les temps les plus reculés, les peuples asiatiques, et les explorateurs africains, sont venus réclamer à l'Hispanie les matières premières nécessaires à la confection des bijoux de tout genre, qu'ils revendaient à des prix fabuleux à leurs compatriotes ou aux peuples trop efféminés pour affronter les dangers et les périls de la traversée ; ces marchands pratiquaient ainsi un commerce d'autant plus onéreux et plus lucratif que les peuples avec lesquels ils trafiquaient ignoraient la valeur des métaux dont ils étaient les véritables propriétaires et dont abondait leur sol. S'il faut en croire Diodore de Sicile, les Phéniciens rapportèrent de leurs premiers voyages des quantités considérables d'or et d'argent qui contribuèrent beaucoup à ce luxe effréné et presque légendaire qui, à profusion, s'étalait dans les temples et dans les palais, et dont l'histoire de l'antiquité ne fait que fort succinctement entrevoir l'éclat et la prodigalité.

HYDROGRAPHIE. — Parmi les cours d'eaux les plus importants nous remarquons en première ligne : le Tage, tant chanté déjà par les poëtes et qui charriait autrefois dans ses flots des pépites d'or. On prétend que jadis un roi possédait un diadème et une couronne d'or massif provenant de l'or du Tage. De nos jours, le Tage est un des plus beaux ports de guerre de toute l'Europe, aussi l'Angleterre lance depuis longtemps des regards d'envie sur cet estuaire qui saurait si bien abriter ses vaisseaux et serait, pour ce peuple jaloux de l'indépendance et de la prospérité d'autrui, un nouveau débouché pour son commerce et son industrie. Le Tage prend sa source dans les monts Albaracins, parcourt en Espagne Cuença, Guadalaxara, Tolède, Badagoz, pour entrer en Portugal, coupe l'Estramadure et se jette enfin dans l'Atlantique à quelques lieux au sud de Lisbonne; 2° le Minho prend sa source en Galice, sépare l'Espagne du Portugal et se jette dans l'Océan; 3° le Douro, de la province de Soria, traverse le Valladolid et le Zuamora, forme la limite de l'Espagne et du Portugal et se jette dans l'Océan, non loin d'Oporto; 4° le Guadiana prend sa source près de Ciudad-Réal, coule entre l'Espagne et le Portugal formant ainsi une limite naturelle bien distincte, on peut le classer parmi les fleuves, les plus longs de l'Europe, il ne parcourt pas moins de 650 kilomètres et phénomène extraordinaire, effectue un trajet souterrain de quatre à cinq lieues pour reparaître aux Ojos de la Guadiana et se jeter ensuite dans l'Océan au-dessous de Villaréal; 5° le Mondego traverse les plaines de Coïmbre et se jette dans la mer à Buarcos. Telles sont les lignes principales formant le système hydrographique du Portugal, quant aux autres cours d'eau ils sont insignifiants, et à l'exception de quelques-uns et des lacs de Mar-Menor et Albrifera, on ne remarque plus guère de rivières valant la peine d'être citées.

Les ports du Portugal sont relativement nombreux : le plus important est formé par l'embouchure du Tage à Lisbonne, Setubal et Oporto à l'embouchure du Duero ; Lagos dont le port fût bâti par les peuples Carthaginois peu de temps après leur arrivée sur le continent ; quant au commerce du Portugal avec ses colonies ou avec l'étranger il est particulièrement desservi par le port de Villa-Nova ; les ports ou plutôt les estuaires de Buarcos et de Figueïra formés par l'embouchure du Mondego, et enfin pour terminer la liste de ces abris maritimes, la rade de Leixoès, petit port tout nouvellement creusé à une demi-heure de Porto et dont les digues et les bassins ont été construits par une compagnie française.

Les îles du Portugal ne sont guère remarquables, parmi les plus importantes on peut citer l'archipel des Açores et de Madère, situé à l'O.-S.-O. et qui forme une province ayant son administration particulière mais dépendante toutefois de la couronne, quoiqu'assez éloignée du continent ; le long des côtes on ne voit que quelques îlots épars dont les plus importants sont dans l'Estramadure, les Berlingues et enfin dans les Algarves, l'île de Faro.

SUPERFICIE. — La superficie du Portugal est de 5,034 lieues, il occupe la partie occidentale de la péninsule ibérique et forme une langue de terre de 130 lieues de long sur une largeur de 50 lieues environ.

TYPE. — Les Portugais sont partie de la race blanche, type méditerranéen, c'est-à-dire au type appartenant par les divers éléments de sa coloration au type brun qui est caractérisé par les cheveux et les yeux noirs et par ce genre de peau dite « brune » qui exposée à l'air prend aisément une belle teinte bronzée. Les Méditerranéens sont les plus petits des Européens, en mettant toutefois à part les Lapons dont la taille est encore de beaucoup inférieure. Ils sont dolichocéphales. On comprend dans cette race, outre les Hispano-Portugais, les Italiens, les Siciliens, les Maltais, les Sardes, les Corses et les Berbères (1).

Les Portugais, que l'on se représente généralement à l'étranger comme des personnages emphatiques, fantasques, d'une joie délirante, grotesque et ridicule, sont au contraire, mélancoliques; ils n'ont rien de cette dissimulation caractéristique de l'Espagnol et de l'Italien. Serviable et hospitalier, sa main ne semble devoir s'ouvrir que pour aider; mais comme tous les peuples du Midi, ils poussent la religion jusqu'au fanatisme et n'entreprendra jamais rien sans

(1) *Éléments de Zoologie médicale,* par A. Raillet.

avoir consulté les saints et les madones de pierre qui continuellement se rencontrent au coin des carrefours, au-dessus des portiques et même sur les façades des maisons privées.

ETHNOLOGIE. — Les peuples actuels, habitant la péninsule ibérique, dérivent de quatre sources principales : (a) les *Illyriens ou Thraco-Pelasges,* comprenant les Grecs et les Romains; (b) les *Germains*, auxquels se rattachent les Goths et les Suèves; (c) les *Ibères* de race caucasique, confondus plus tard avec les Celtes d'origine indo-germanique et qui formèrent ainsi la famille celtibérienne ; (d) les *Sémitiques*, comprenant les Croates et les Maures; depuis ces diverses alliances, plusieurs siècles se sont écoulés, durant lesquels ces différentes familles ont si bien su s'unir et se confondre entre elles, que de nos jours on ne remarque plus dans l'Hispanie que deux races bien distinctes : les *Basques* d'une part et les *Espagnols de sang-mêlé* d'autre part. La péninsule ibérique étant de toute l'Europe la contrée la plus voisine de l'Afrique, a reçu de ce continent un contingent de représentants plus nombreux que sur toute autre partie du globe; on y remarque de plus quelques débris provenant de la race cuivrée d'Amérique, transportés sans doute dans la péninsule lorsque la hardiesse des peuples espagnols et portugais envoyait leurs galères sur tous les points du monde à la découverte de terres nouvelles et à la recherche de peuplades inconnues. On y reconnait encore, mais en très petit nombre cependant, les étranges spécimens de la race hindoue, désignés par les habitants du pays sous le nom de *Gitanos* et auxquels partout ailleurs on a donné le nom de *Bohémiens*, sans que l'on puisse expliquer pourquoi l'on a appliqué à cette sorte d'individus le nom propre à certains montagnards de l'Au triche.

CLIMATOLOGIE. — Le climat du Portugal est tempéré, mais les nombreux accidents de terrain, la situation des vallées, le voisinage de l'Océan, y rendent fréquents et brusques les changements de température ; quoique arrosé par un grand nombre de petites rivières, le pays est encore exposé à des sécheresses, hélas ! trop nombreuses, dans les provinces situées entre le Douro et le Tage et au sud de ce dernier ; toutefois, les productions du sol sont généralement assez semblables à celles de l'Espagne et même quelquefois de meilleure qualité. Le Portugal produit un vin liquoreux très recherché des gourmets. Les orangers, les citronniers y poussent en grande quantité et l'exportation que l'on fait du fruit de ces arbres est fort importante ; le palmier, le laurier, l'olivier, le figuier, le cactus, la canne à sucre, etc., y croissent également en abondance et la flore y est des plus remarquable.

Nous nous sommes peut-être étendu longuement sur ce sujet ; aussi abrupt et tout laconique qu'ait été notre style, plusieurs de nos lecteurs l'auront sans doute encore trouvé trop amplifié, mais il nous a paru impossible de bien comprendre l'histoire d'un peuple si l'on ne s'est pas fait d'abord une idée bien juste du milieu où il a vécu, prospéré, souffert et combattu . . . .

. . . .

. . . .

. . . .

De l'an 1000 environ avant notre ère jusqu'à l'année 1212 après Jésus-Christ, l'histoire du Portugal étant également celle de l'Espagne, nous ferons le résumé de l'histoire de la Péninsule ibérique tout entière.

Ce furent des navigateurs phéniciens qui, les premiers, établirent des colonies sur les côtes de l'Hispanie. Les Grecs, poussés par le lucre plus que par l'envie, avaient projeté de longue date de supplanter les Phéniciens; depuis l'expédition des Argonautes, se croyant les rois de la Méditerranée ils ne tardèrent pas, eux aussi, à venir s'établir sur les côtes de l'Ibérie, afin de faire une concurrence acharnée aux quelques comptoirs phéniciens qui s'étaient élevés sur le littoral. Les Phocéens, les Rhodiens, imitèrent bientôt l'exemple donné par les marchands helléniques et se dirigèrent vers la Péninsule où ils fondèrent plusieurs villes importantes; ils auraient sans doute continué à couvrir la péninsule de leurs comptoirs si les Carthaginois ne s'étaient décidés à armer leurs galères et à sillonner les mers à la recherche de contrées nouvelles. Carthage, marchande et guerrière, la plus ambitieuse peut-être de toutes les nations de l'antiquité, ne pouvait ainsi laisser aux Phéniciens et aux Grecs ces richesses de l'Ibérie que les orientaux enviaient et qui les aidaient puissamment à maintenir tout l'éclat de leur luxe fantastique et ridicule.

L'an 264 avant J.-C., les Carthaginois dûrent délaisser leurs principaux comptoirs de la Bétique, mais aussitôt après la guerre punique, Amilcar Barca, à la tête d'une armée formidable, vint reconquérir, au nom de Carthage, ces établissements que la défaite leur avait ravis, ils les accrut même et non content de ces premiers succès, se porta jusque dans le Portugal où il fonda une ville à laquelle il donna son nom et qu'elle conserva depuis (1). Le frère d'Annibal, Asdrubal sut par une sage administration, consolider les conquêtes de son prédécesseur; parmi les travaux les plus remarquables qu'il a laissés, on peut compter la ville de Carthagène, plus tard une des plus importantes de la Péninsule; il régularisa l'administration du peuple, établit des tribunaux, fit construire des temples, des palais, traça des routes nouvelles et dota la péninsule d'un grand nombre d'ouvrages tout aussi remarquables par leur beauté que par leur utilité. Les progrès des Carthaginois ne firent qu'accroître davantage la haine

(1) Barcelone.

invétérée des Celtibériens qui, blessés dans leur patriotisme, ne pouvaient oublier que ce peuple ambitieux avait été jusqu'à traverser les mers pour venir les attaquer au milieu de cette liberté et de cette indépendance dont ils s'étaient toujours montrés si fiers; ces étrangers les avaient forcés à courber la tête sous le joug odieux et détesté de l'envahisseur; ils prospéraient dans un pays qui n'était pas le leur et que, contre tout droit, ils avaient conquis par l'intrigue et la violence; furieux, les Celtibériens tentèrent de se dérober aux exigences du vainqueur, mais se jugeant trop faibles pour combattre un ennemi aussi redoutable, ils demandèrent aux légions romaines le secours de leurs armes. Rome hésita d'abord; les « *Patres conscripti* » se réunirent pour débattre et examiner l'intérêt que pareille expédition pouvait rapporter à la République et après bien des délibérations, l'on finit par envoyer des ambassadeurs aux Carthaginois. Durant ces innombrables pourparlers, Annibal ne perdait pas son temps, et avant que les Celtibériens eussent reçu les renforts qu'ils avaient réclamés aux Latins, ils les surprit et les soumit une seconde fois sous son bouclier vainqueur, mais ce ne fut pas sans peine, car les chars de guerre d'Annibal coururent grand risque de venir se briser aux remparts de Sagonte qui, sans aucun allié, résista pendant plus de huit mois aux Carthaginois et après une résistance aussi héroïque ne fut vaincue qu'harcelée par le nombre et la famine. Ce fut toujours une honte pour celle qui se piquait d'être la capitale du monde, de ne pas avoir secouru une alliée auquelle elle avait promis l'appui de ses légionnaires et, qu'au moment critique elle délaissa en quelque sorte, sans paraître s'inquiéter davantage des conséquences de son lâche abandon. Cinquante ans après la prise de Sagonte, 219 ans avant Jésus-Christ, éclata la seconde guerre punique; les généraux romains, après avoir repoussé les troupes d'Annibal, se dirigèrent aussitôt vers l'Hispanie, et profitèrent de ces premiers succès dont s'était enflammé le cœur de leurs soldats pour tenter de chasser l'envahisseur de la péninsule ibérique; les sept premières années furent pour les troupes de l'Italie sept années de succès, et si les aigles romaines s'avançaient ainsi victorieuses au milieu de leurs ennemis abattus, elles le devaient non seulement à la hardiesse et à l'énergie des légionnaires, mais encore aux généraux qui les conduisaient à la victoire; c'étaient deux frères qui par leurs remarquables faits d'armes avaient plusieurs fois déjà reçu les louanges du Sénat, et dont les chars de triomphe avaient à plusieurs reprises parcouru les rues de la capitale, Cnéius et Publius Scipion, tels étaient leurs noms, avaient depuis plusieurs années conçu le dessein de transporter les étendards romains jusqu'au centre même de l'Espagne. Mais les Romains aveuglés ne surveillaient plus d'aussi près les menées hypocrites des Carthaginois qui ne cessaient d'exciter les peuplades contre ce nouveau vainqueur et qui insensiblement, parvinrent à gagner l'amitié et l'appui d'un grand nombre d'habitants; forts de cette alliance, ils entourèrent l'ennemi dans un gigantesque cercle et se resserrant en bon ordre vers un point initial et convenu, ils surprirent dans leur camp les Romains par trop confiants. Ce fut un épouvantable carnage; les deux Scipion eux-mêmes périrent dans ce massaere et la péninsule aurait à tout jamais été perdue pour les Romains si Lucius Martius ne fut parvenu, grâce à ses exhortations et à ses harangues, à ranimer le courage des troupes démoralisées et à résister aux efforts des Carthaginois en attendant les renforts que Rome devait bientôt leur envoyer.

Ces renforts arrivèrent sous la conduite d'un chef jeune encore, mais que la valeur et le courage avaient déjà fait remarquer, Publius Cornélius Scipion, à peine âgé de vingt-quatre ans, s'était offert pour venger la mort de Cnéius et de Publius, ses parents, tombés sous les coups des Carthaginois et relever en même temps le prestige des armées romaines, que les succès imprévus d'Asdrubal avaient fait chanceler. Scipion débarque à Tarragone, organise une armée qui par des marches et des contre-marches souvent répétées devait bientôt être exercée aux accidents de terrain si communs dans la Péninsule. Lorsqu'il jugea ses soldats suffisamment rompus aux fatigues de la guerre, l'*Imperator* marche sur Carthagène, l'attaque par terre tandis qu'un autre général romain, Lélius, à la tête de la flotte, en fait le siège du côté de la mer : les Carthaginois avaient fait de cette ville une sorte d'immense arsenal renfermant dans ses murs leurs machines de guerre, depuis le léger char garni de faulx jusqu'au lourdes tours roulantes à ponts-levis ; le port protégeait leurs meilleures galères et tout semblait s'associer pour rendre cette place imprenable. Mais Scipion, dont les plans de combat avaient été combinés depuis longtemps, ne s'arrêta guère devant ces masses de bois, de granit et d'airain, l'armée fut partagée en trois corps distincts, et par trois points différents les Romains se précipitèrent dans la ville surprise d'une attaque aussi imprévue. Cette victoire procura aux Romains cent-trente navires de transports, dix-huit galères de guerre, un grand nombre de charriots et des richesses de toute espèce, les Carthaginois furent réduits en esclavage et un millier environ furent envoyés en Italie où ils furent vendus publiquement sur les marchés de Rome, tandis que les Hispaniens, heureux d'avoir reconquis leur liberté, décernaient à Scipion le surnom d'« Africain », que le Sénat romain sanctionna quelque temps après, et qui servit à immortaliser le jeune et valeureux héros.

Asdrubal, qui était parvenu à s'échapper, franchit les Pyrénées, gagna le nord de l'Italie et se réunit au restant de l'armée carthaginoise qui se trouvait sous la conduite de son frère Annibal. Les Romains, de leur côté, s'empressèrent de détruire les derniers vestiges de la domination carthaginoise dans la Péninsule, et après cinq années d'une administration sage et modérée, la conquête de l'Hispanie était complète et Rome avait un peuple de plus à défendre et à protéger.

Scipion l'Africain était à Rome depuis quelque jours seulement, qu'Indibilis et Mendonius, chefs celtibères qui toujours avaient été les ennemis du nom romain, mais dont l'envoyé du Sénat avait su gagner l'amitié, provisoire il est vrai, se révoltèrent et secouèrent le joug que leur nouveau maître avait voulu imposer. Indibilis et Mendonius se mirent à la tête de 30,000 Celtibères et attaquèrent les Romains dans les plaines situées entre Aragon et Valence; mais ceux-ci, prévenus, avaient su se mettre sur la défensive et la tactique inexpérimentée des insurgés vint se briser aux carrés inébranlables des légions romaines, les deux chefs celtibères périrent dans ce combat, sans seulement avoir eu la consolation de voir leurs efforts se couronner du succès qu'ils avaient espéré. Dès lors, la péninsule hispanique était en plein pouvoir des Romains, aussi s'empressèrent-ils de s'en montrer les véritables possesseurs: on y dépêcha de véritables despotes qui, dans la personne des préteurs et des proconsuls (empereurs à petit pied), devaient ternir et compromettre l'honneur du nom romain. Mais les exactions des magistrats romains ne tardèrent pas à peser à ces peuplades qu'un joug étranger avaient depuis longtemps déjà par trop aigries. C'est alors que parut Viriathès, homme énergique et audacieux qui avait su communiquer à ses compatriotes l'amour de la patrie dont débordait sa noble et grande âme de patriote; 30,000 hommes répondirent à son appel, 30,000 braves résolus de vaincre ou de mourir et sous les coups desquels les légions de Vitilius succombèrent sans qu'un seul des Romains ne pût rapporter à Rome le récit de cette tuerie épouvantable. Rome, furieuse de cette défaite, envoya successivement contre ces paysans révolutionnaires les prêteurs Plautius, Négidius, Lélius; les consuls Fabius, Métellus, Servilianus, qui devaient trouver dans la Péninsule et leur déshonneur et leur tombeau. Ce fut Servilianus qui, 144 ans avant J.-C., obtint de Viriathès un traité de paix qui laissait la Lusitanie (Portugal) en dehors de la domination romaine.

Mais Viriathès ne devait guère voir l'heureux résultat de son héroïsme et de celui de ses concitoyens, il tomba bientôt sous les coups de deux traîtres, deux de ses aides de camp que le consul Servilius Scipion avait soudoyés et qui n'eurent point honte de l'assassiner pendant qu'il reposait dans sa tente. Viriathès fut le premier libérateur du Portugal, ce fut lui le premier qui conçut le projet d'une distinction, d'une séparation entre l'Espagne et le Portugal, ces deux peuples de la Péninsule qui jusqu'alors avaient été intimement unis.

Les Celtibériens se refugièrent chez les Numantins auxquels ils demandèrent aide et assistance,

Fulvius résolut de les poursuivre jusqu'au milieu de leurs protecteurs, il attaque Numance, mais les Celtiberiens, forts de l'appui de leurs nouveaux alliés, parvinrent à repousser les armées romaines et réclamèrent pour tout tribut de guerre la signature de la paix, mais l'orgueilleuse Rome ne voulant pas subir cet échec refusa ces propositions pacifiques, la guerre reprit donc plus formidable, plus terrible qu'auparavant, successivement quatre armées romaines, quatre consuls à la tête de leurs légions vinrent s'écraser contre les remparts de Numance qui à chaque nouvelle défaite de leurs adversaires se contentait de demander la paix, mais qui chaque fois se la voyait refuser avec une nouvelle arrogance. Rome exaspérée d'une résistance aussi opiniâtre, furieuse de se voir repousser par un ennemi de si peu d'importance envoya une seconde fois en Espagne, Scipion Emilien, à la tête de 60.000 hommes. Le général romain mit aussitôt le siège devant la capitale des Numantins, de gigantesques travaux de circumvallation l'entourent de toutes parts, les habitants harcelés, éprouvés déjà par les sièges précédents, démoralisés par cette guerre de longueur, réduits à 8.000 hommes seulement résistèrent encore aux assiégeants avec l'énergie du désespoir ; enfin, accablés par la famine, succombant sous le nombre ils se décident à capituler, mais Scipion ne veut les admettre qu'à discrétion, c'est-à-dire selon son bon vouloir ; en présence de ce peu de loyauté, les Numentins, ainsi méconnus, insultés dans ce qu'ils avaient de plus cher : leur héroïque patriotisme, n'écoutant que leur bravoure, se jetèrent dans le camp romain mettant tout à feu et à sang, les cadavres s'amoncellent sur leur passage, les corps des mourants se tordent convulsivement dans les flammes de l'incendie, le sang laisse après eux de rouges sillons et toujours ces nobles forcenés avancent frappant, tuant, assommant sans trève ni merci les Romains épouvantés ; cependant les centurions parviennent à rassembler leurs hommes, les carrés se reforment et l'armée romaine reconstituée s'ébranle formidable dans son organisation militaire, marchant froidement à l'encontre de leurs vainqueurs, aveuglés à la fois de sang, de colère et de succès ; le choc des deux troupes fut terrible, les Numantins surpris de la célérité de leurs ennemis sont repoussés jusqu'au pied même des murailles de leur cité, ils tentent un nouvel effort, mais leur impétuosité vint se briser contre les piques des légionnaires et contre le poitrail des chevaux de la cavalerie ; à la hâte ils regagnent Numance, et après avoir égorgé leurs femmes et leurs enfants, incendier leurs maisons, ils se donnent mutuellement la mort ; lorsque Scipion, surpris du silence de cette ville jadis si bruyante, se décida enfin à pénétrer dans ses remparts déserts, il n'y trouva plus que des débris calcinés et des cadavres sanglants à demi-consommés là où jadis s'élevaient les habitations de ces héros obscurs qui avaient préféré mettre à mort ce qu'ils avaient de plus cher et se tuer sur les corps encore chauds de leurs compagnes, plutôt que de se soumettre au joug de l'envahisseur.

Devant ce désastre épouvantable où s'était engloutie la ville de Numance, ses habitants et ses alliés, l'effroi sembla glacer de terreur et de crainte les habitants de la Péninsule, toutefois, l'esprit d'insurrection que le souffle puissant de Viriathès y avait allumé ne s'était pas encore éteint et sans cesse les vexations des prêteurs ranimaient ce flambeau de discorde qui, loin de s'éteindre, ne faisait que se raviver davantage.

Quelques années après éclata la guerre "sertorienne", qui pendant plus de dix ans vit successivement crouler sur le sol de la péninsule, l'espoir, la confiance, l'animation et le courage de l'une ou de l'autre armée et qui ne devait se terminer que par le meurtre de Sertorius qui, digne émule de Viriathès avait su exciter le ressentiment des habitants contre l'oppresseur romain, et qui, comme son noble prédécesseur, devait tomber sous les coups des lâches et ignobles émissaires de Pompée et de Metellus; c'est seulement depuis cette époque (79 ans avant J.-C.) que la péninsule hispanique parut se soumettre au joug romain, et accepter les conditions que lui fit celle qui, sous le poids de ses aigles, faisait plier les peuples de l'antiquité.

Lorsque Crassus, César et Pompée eurent la gestion des affaires de la république romaine et se constituèrent en triumvirat, l'Espagne échut à

Pompée ; celui-ci retenu à Rome y dépêcha trois lieutenants chargés de l'administration de sa province. La péninsule, d'abord heureuse, devait bientôt se ressentir des dissentiments qui s'étaient élevés entre César et Pompée, lorsqu'on apprit que César avait résolu de faire de l'Ibérie le champ clôs où il devait se rencontrer avec son adversaire, les provinces commencèrent à s'inquiéter, et quelques-unes plus hardies allèrent même jusqu'à se faire l'interprête du mécontentement général, mais les lieutenants de Pompée s'efforcèrent de repousser les partisans de celui qui devait plus tard imposer sa dictature aux peuples italiens, une bataille acharnée eut lieu près de Mérida et César fut obligé de battre en retraite devant la bravoure, l'énergie et le dévouement des lieutenants de son adversaire. Ceux-ci ne s'arrêtant pas à ces premiers succès, remportèrent une seconde victoire sur les rives de la Sègre, et sans les artifices habiles et les manœuvres hypocrites de l'ambitieux romain, ces officiers dévoués seraient sans doute arrivés à leur but si Pharsale n'était venue abattre cet édifice de succès et n'avait enseveli sous ses débris Pompée lui-même, tandis que Caius Julius César, plus ambitieux que jamais, rentrait dans Rome aux acclamations d'un peuple extasié qui non content de lui décerner le « grand triomphe » lui donna encore le titre de « dictator ».

Cnéius et Sextus, fils de Pompée, voulurent venger la mort de leur père, mais César vola au secours de ses lieutenants, et malgré des prodiges de valeur, les deux jeunes héros furent forcés de battre en retraite, Cnéius Pompée tomba même lâchement mis à mort par un de ses partisans, tandis que Sextus, son frère, s'efforçait encore de tenir tête aux armées du dictateur romain; le Sénat, qui commençait à s'inquiéter de ces incursions continuelles des partisans de Pompée et voyait avec effroi les fonds publics s'englober chaque jour davantage dans des budgets de guerre sans cesse renouvelés, résolut de terminer les choses à l'amiable au profit du peuple romain. Flattant bassement l'amour-propre de Sextus, il lui offrit le commandement général des galères de la République, à condition qu'il renonçât à ses vues sur l'Espagne. Ce fut donc par la corruption et la bassesse que se termina cette guerre civile qui durant de longues années troubla la tranquillité de la Péninsule et devant laquelle s'écroulèrent des villes et des cités déjà florissantes.

38 ans avant J.-C., Lépide, membre du second triumvirat eut l'Espagne en partage, mais Antoine et Octave, ses collègues, profitèrent de sa faiblesse de caractère pour lui enlever insensiblement l'administration de sa province et ne lui laissèrent que l'Afrique. Plus tard, Octave-Auguste, homme prétentieux et entreprenant, parvint bientôt, à force d'intrigues, à s'emparer entièrement des rênes du gouvernement et à se faire élire « Imperator »; il s'empara de l'Espagne, la déclara à « perpétuité » province tributaire de Rome et une seconde fois la Péninsule fut divisée en deux parties

distinctes : le Bétique et la Lusitanie. La première fut placée sous les ordres de l'empereur, tandis que l'autre, la Lusitanie ou Portugal dépendait du Sénat.

Les Cantabres et les Astures cherchèrent cependant encore, il est vrai, à secouer le joug du peuple romain, mais leur bravoure et leur héroïsme vinrent se briser aux rangs disciplinés des soldats de la république; ce fut le râle de cette longue agonie qui durant tant d'années agita l'indépendance de la péninsule hispanique sans que ses enfants aient pu parvenir à atteindre le noble but auxquels sans cesse ils avaient aspiré, pour lequel ils combattaient et pour lequel ils se faisaient mourir.

Sous une administration sage et éclairée, l'Espagne devint presque l'égale de l'empire romain et s'avança rapidement dans la voie du progrès et de la civilisation. Comme la capitale de l'univers, elle aussi voulut avoir ses « Forums », ses cirques, ses temples, ses aqueducs, ses ponts, ses arcs de triomphe, ses colisées et ses monuments, ses chefs-d'œuvre en un mot, et leurs imposantes et majestueuses ruines peuvent encore attester de nos jours la marche croissante et les efforts constants de ces peuples vers la civilisation (1). Auguste donna à l'Espagne le gouver-

(1) L'Espagne fut le berceau d'une multitude d'hommes importants, parmi lesquels nous remarquons principalement : Pomponius Mala, géographe, qui a laissé plusieurs ouvrages assez célèbres sur les terres et les découvertes de cette époque ; Columelli, qui tout parti-

nement politique dont Rome elle-même était dotée; il fit adopter dans les moindres municipes la législation romaine; fit tracer des voies nouvelles qui réunissaient les différentes cités à un même centre initial; il fit creuser des canaux qui devaient favoriser le commerce et l'industrie en facilitant le transport à l'intérieur des terres des produits du sol; non content d'encourager le commerce, il favorisa l'agriculture et la péninsule hispanique devint bientôt un vaste jardin capable d'approvisionner suffisamment les greniers publics de Rome tout en ornant de ses fruits et de ses fleurs la table de ses citoyens, si excentriques dans leur gourmandise, si extravagants dans leurs excès.

Sous le règne de Claude, une cinquantaine d'années après Jésus-Christ, Jacques le Mineur, fils de Zébedée, malheureux pêcheur qui avait abandonné et sa barque et ses filets pour parcourir le monde afin d'y prêcher la religion de Celui qui sur le Golgotha avait versé son sang pour le genre humain, gagna la péninsule et commença à convertir à la religion du Christ ces peuples qui jusqu'alors s'étaient encrassés dans le druidisme,

---

culièrement s'occupa de l'agronomie, le rhéteur Quintilien qui fit résonner les échos du Forum de ses discours pompeux et a laissé après lui plusieurs discours remarquables. Sénèque, connu comme précepteur de Néron, mais qui n'eut guère à se louer du caractère de son impérial élève; Florus, historien, Martial, poète; et, enfin les empereurs Adrien, Marc-Aurèle, Trajan, Théodore, Arcadius et Honorius qui peuvent être rangés parmi les souverains les plus érudits de l'antiquité.

l'idolâtrie et le paganisme le plus abject et le plus ridicule, courbant souvent leurs convictions selon le bon plaisir de leurs conquérants, adorant aujourd'hui des dieux qu'ils devaient renier plus tard et les méprisant après les avoir vénérés.

De l'année 394 à l'année 424 après J.-C., l'Espagne et le Portugal eurent à traverser une période de désastres et de calamités; les Suèves, les Alains, et les Vendales, peuplades de même origine, venant toutes trois des régions septentrionales du continent, chassées de leurs pays par la famine et les privations, attirées vers le midi par la soif des conquêtes et l'appat de richesses qui devaient leur procurer une existence plus douce tout en favorisant l'excès de leurs passions; ces peuples donc, à demi sauvages, se répandirent dans la péninsule comme un torrent furieux mettant tout à feu et à sang, détruisant dans leur aveuglement brutal les cités naissantes, semant le viol, l'incendie et le carnage partout où ils passaient et laissant après eux une large route ensanglantée de peuples égorgés et de débris fumants; après avoir tout dévasté, les Suèves s'établirent en Galicie et en Castille; les Vandales dans la Betique ou Andalousie, tandis que les Alains fixèrent leur résidence dans la Lusitanie ou Portugal. Successivement Ataulfe, Sigeric, Wallia, Euric s'efforcèrent de combattre ces barbares envahisseurs, mais ils ne parvinrent qu'à leur infliger des pertes insignifiantes et ce fut à Euric que revint la gloire d'avoir soumis à son autorité le plus grand nombre de ces hordes indiciplinées qui avaient inondé le pays entier. Après la mort d'Euric, l'Espagne, le Portugal, la Narbonnaise, les Deux Aquitaines et le Novempopulanie passèrent à Alaric, son successeur, tandis que Clovis qui déjà commençait à subjuguer le nord de l'Europe, voyant avec effroi s'accroître la puissance des Visigoths dans lesquels il avait soupçonné un adversaire qui, loin de vouloir se plier à son joug ne ferait au contraire que menacer les États qu'il venait de soumettre à sa couronne, Clovis résolut donc d'en finir avant que les Visigoths ne soient arrivés à l'apogée de leur force et de leur puissance, aussi dès que le jeune Alaric eût succédé à son père, le roi franc s'empressa de lui déclarer la guerre ; à la tête d'une armée formidable il envahit ses Etats, Alaric marcha à sa rencontre, les deux armées se rencontrèrent dans les plaines de Poitiers, le choc de ces deux colosses fut terrible, mais les Visigoths ne purent résister au sang-froid discipliné des guerriers du nord, ils furent taillés en pièces, et Clovis ayant provoqué sur le champ de bataille le jeune prince à un combat singulier, le tua de sa propre main. La mort d'Alaric fut le signal de la déroute et les Visigoths débordés, s'enfuirent en désordre devant le héros de Tolbiac (506).

Depuis cette époque fâcheuse aux armes des Visigoths jusqu'à bien avant dans le siècle suivant on ne remarque plus rien vraiment digne d'être relaté si ce n'est la guerre civile et les désordres continuels qui ne cessaient de s'élever et de s'éteindre entre les ariens et les catholiques et qui devaient tourner au profit de ces derniers, lorsque Reccarède et son épouse Badda adjurèrent l'arianisme au Concile générale de Tolède, en l'an 589. En 639, Sisenand fit paraître un décret dans lequel il était déclaré que nul ne pouvait monter sur le trône s'il n'avait obtenu le libre suffrage des nobles et des évêques, de là le vieux dicton si populaire en Espagne : "*Les Conciles de Tolède font les rois et les lois* (1)".

Jusqu'à l'année 700 la péninsule parcourut une ère plus ou moins heureuse ; mais lorsque Witiza, fils de Egica, succéda à son père qui lui-même n'avait régné que par usurpation, cette tranquillité disparut, le jeune prince n'usa de son pouvoir que pour satisfaire sa débauche et ses goûts dépravés, et c'est ce qui devait le perdre, car le peuple exaspéré de cette tyrannie honteuse et imbécile s'agita, les évêques, à leur tour, en présence de l'effervescence des esprits, et de la conduite honteuse du souverain, se réunirent en un concile extraordinaire ; ils déposèrent Witiza pour lui succéder Rodéric, duc de Cordoue, mais malheureusement on avait espéré mieux du fils de Théodefrède, qui, à peine sur le trône, dépassa les excès de son prédécesseur et qui, non content

(1) (Note de l'auteur). Ce fut au Concile de Tolède que toutes les lois édictées par les rois Visigoths précédents furent rassemblées, revues, coordonnées et réunies en un seul et même code.

d'entretenir publiquement des courtisanes qu'il traitait en reine, qui, non content d'attirer jusque dans sa couche royale les femmes de ses amis, non-seulement prostituait les épouses de ses officiers et les filles de ses domestiques, mais harcelait encore le peuple, l'accablant d'impôts afin de satisfaire les dépenses exagérées qu'entraînaient son désordre et son dévergondage, et alla jusqu'à faire regretter le tyran capricieux dont il avait pris la place. En présence d'un tel gouvernement, une révolution était imminente, des désordres éclatèrent dans nombre de cités, une insurrection formidable allait soulever tout le midi, lorsque les musulmans qui depuis longtemps dardaient des regards d'envie sur l'opulente péninsule, profitèrent de ces troubles pour mettre leur projet à exécution; l'étendard sacré fut déployé sur les murs de Cadix donnant ainsi le signal de la guerre sainte et les sectateurs de Mahomet n'eurent pas de peine à renverser la monarchie décrépite, minée et déjà chancelante des Visigoths (710).

C'est avec Roderic que s'écroula définitivement sur les rives du Guadalête, la monarchie visigothe qui, durant trois siècles, avait exercé dans la Péninsule une influence vraiment salutaire et que trois généraux musulmans: Tarik, Moussa et Ald-el-Asiz, devaient à tout jamais anéantir.

A partir de 716, l'Hispanie tout entière était soumise au croissant et les quelques peuplades restées fidèles à leur religion s'enfuyaient épouvantées dans les montagnes du pays, dès que dans les plaines retentissaient le guttural : *Alamlah ! Algiannah !* (1) qui annonçait l'approche redoutable des fanatiques sectaires de Mahomet ; le flot des envahisseurs se répandit dans tout le pays et ce fut à Ald-el-Asiz et à ses africains qu'échut la Lusitanie, tandis que l'ensemble de ces populations si diverses d'origine, était placé sous la direction d'un même chef ou émir, délégué par les Walis d'Afrique, qui eux-mêmes dépendaient des Khalifs de Damas. Mais ces hommes, à demi-sauvages, passionnés à l'excès, habitués dès leur âge le plus tendre à la vie nomade et vagabonde des camps, élevés au milieu d'une soldatesque brutale, ne pouvaient se plier aisément à l'autorité de chefs secondaires dont les maîtres véritables se trouvaient si éloignés ; rompant bientôt l'unité formée par les émirs et les khalifs, ils se divisèrent après la chûte des Ommiades (2) en fractions isolées, et se consti-

(1) *Alamlah ! Alamlah !* (le combat), *Algiannah ! Algiannah !* (le paradis), cris de guerre des premiers Mahométans.

(2) Note de l'auteur. — Les Omniades, descendants de Mahomet, avaient formé les premiers khalifs, ils furent inquiétés par le clan des Alamides, autres descendants de Mahomet qui soulevèrent le peuple, l'entraînèrent à leur suite et massacrèrent impitoyablement les Omniades dans leur palais, cependant un seul parvint à s'échapper, ce fut Ald-el-Rahmen, qui s'enfuit en Espagne où il régna de 755 à 788. Son règne fut heureux pour la Péninsule, mais les successeurs d'Ald-el-Rahmen ne surent soutenir dignement leur khalifat, la discorde éclata bientôt entre les divers chefs des provinces et la dynastie des Omniades disparut avec le khalif Hescham III, en 1031.

tuèrent en douze royaumes indépendants, ayant chacun leurs lois, leurs chefs, leurs coutumes et leur administration particulière, ne se trouvant plus coalisés que dans un seul et même sentiment : la haine du nom chrétien.

L'Estramadure et le Portugal furent dès lors désignés par les Arabes sous le nom d'Al-Garb, la ville de Badagoz, située sur le Guadiana, aux limites du Portugal actuel, en devînt la capitale. Ville remarquable, fondée au commencement du XIe siècle, Badagoz possédait déjà des monuments vraiment dignes d'intérêt, ses alcazars, ses mosquées, ses "*madresses*" (1), ses bains, ses aqueducs, ses "*atalayas*" (2), ses portes, ses fontaines en faisaient une des plus belles villes de la Péninsule après Cordoue. Les sciences et les lettres étaient en rapport avec cette prospérité matérielle, aussi les *madresses* étaient nombreuses et plusieurs bibliothèques rendaient facile à tous l'étude des belles lettres, mais malheureusement Badagoz tomba au pouvoir de l'africain Youssouf qui, à la tête de ses Almoravides (3) pénétra dans la ville entraînant avec lui la dévastation et le carnage, non-content d'avoir déjà rasé

(1) Ecoles.

(2) "*Atalayas*" ou tours de remparts, tours de granit qui s'échelonnaient le long des murailles et du haut desquelles l'on apercevait au loin l'arrivée de l'ennemi, et d'où on criblait de traits, de javelots, de poix bouillante, etc., les malheureux assaillants assez hardis pour en approcher.

(3) Almoravides (liés par la religion), tribu originaire de l'Yemen, émigrèrent au commencement du XIe siècle, sous la conduite d'Abdallah-ben-Yasyn, leur chef.

les murs de Valence et les chefs-d'œuvres de plusieurs autres villes importantes ; mais les Almoravides ne devaient guère se faire redouter en Espagne, une autre tribu arabe, les Almohades (1), ayant à leur tête Abd-el-Moumen, s'emparèrent non-seulement d'Alger, de Fez et de Mésa, mais encore des côtes méridionales de l'Espagne, et ces conquêtes sapèrent insensiblement la puissance almoravide dans le continent, puissance qui devait disparaître à tout jamais sous le règne de Yacoub (719). Au commencement du XIIIe siècle, les Almohades arrivèrent à l'apogée de leur gloire dans la Péninsule ; à partir de cette époque, leur puissance commença à péricliter grâce aux princes chrétiens qui ne cessaient de les harceler, faisant aux Maures une guerre acharnée et opiniâtre, depuis Charlemagne ce n'étaient plus que de continuelles levées de bouclier, les nobles faisaient des vœux d'aller combattre les infidèles, les " gentes damoiselles " ne leur accordaient plus leur main qu'à ce prix ; les castels, les donjons, les châteaux se dépeuplaient et chaque seigneur, à la tête de ses vassaux, marchait résolument vers cette partie du continent ; cet état de chose ne pouvait continuer à subsister et petit à petit les sectaires de Mahomet, affaiblis par ces incursions répétées, écrasés sous le poids de la chrétienneté européenne, étaient entraînés vers le tombeau ; au mois de juillet 1212, l'armée des Almohades fut taillée en pièces par les

(1) Les Almohades ou unitaires, les seuls qui reconnaissaient l'unité de Dieu.

rois de Castille et d'Aragon à la bataille de "*las Navas de Tolosa*" qui prépara, pour l'avenir, la chûte complète de l'islamisme dans la Péninsule.

CHAPITRE II.

FORMATION DU ROYAUME DE PORTUGAL

Ses découvertes et ses Colonies

« Vous m'avez fait roi et je dois partager avec
» vous les soins de l'État. Je suis donc votre
» roi et c'est en cette qualité que je vous invite
» à faire des lois qui établissent la tranquillité
» dans notre royaume !

» Alphonse Henriquez aux Cortès. »

Les Musulmans d'Espagne se trouvaient encore sous le coup de l'émotion laissée par le désastre de la défaite de « las Novas de Tolosa », que dans la Lusitanie, Olisippo (Lisbonne), Braga, Lamego et Portocale échappèrent à leur pouvoir et tombèrent entre les mains des princes chrétiens qui voyaient enfin leurs efforts couronnés de succès. Depuis le XIme siècle, les chrétiens s'étaient trouvés reléguer dans une petite partie du Portugal, et y formaient un gouvernement particulier sous le nom de Portocale (*), et qui comprenait le Minho, le Tra-os-Montes et le Beïra, les rois mahométans les entouraient de toutes parts et l'on comprend facilement combien ce

(*) Portocale devint dans la suite la ville de Porto.

petit pays avait à souffrir d'un voisinage aussi hostile à ses mœurs et à sa religion. Les chrétiens, qui supportaient difficilement le quasi-despotisme de leur voisin, accueillirent avec joie l'arrivée d'Henri de Bourgogne qui, en compagnie de son cousin Raymond, était venu dans la Péninsule pour guerroyer contre les infidèles; Alphonse VI de Castille, qui avait reconnu dans ce jeune prince un allié puissant, s'empressa de lui offrir la main de sa fille Thérèse, y ajoutant comme dot le gouvernement de Portocale, sous le titre de comté, avec Guimaroëns comme capitale. En agissant de la sorte, Alphonse VI se montrait fin politique, car il s'alliait ainsi directement les princes français qui, à la moindre incursion des Maures sur son territoire, voleraient au secours de leur allié menacé. Alphonse, en mourant, laissa deux filles, dont l'une, Urraque, avait, du temps de la maladie de son père, été investie du royaume de Portugal; mais Thérèse, forte de l'appui de son mari et des princes français, dédaignant les prétentions de sa sœur, s'empressa, à la mort de son père, de prendre le titre de reine de Portugal, voulant ainsi consacrer l'indépendance de l'État et constater ses droits éventuels à la couronne de Castille, mais les partisans d'Urraque, furieux de l'alliance étrangère de la prétendante, se levèrent en masse afin de s'opposer aux prétentions déplacées de Thérèse, celle-ci fut repoussée et, pour comble de malheur, son fils lui-même la méconnut et se fit proclamer « Comte de Portugal ».

Les Musulmans, qui rongeaient leur frein en silence, crurent le moment propice pour reconquérir leur ancien prestige ; ils résolurent de mettre à profit les dissensions et les guerres civiles qui agitaient le royaume ; les marabouts (1) allèrent de villages en villages, de tribus en tribus, pour exciter les peuplades à la révolte et la couronne comtale brillait depuis bien peu de temps au-dessus de l'écu du fils de Thérèse lorsqu'il fut attaqué par les Maures. Les Musulmans s'étaient formés en une ligue commune sous la direction et la conduite de cinq rois et nul doute que les armées d'Henri allaient être taillées en pièces sous les coups d'une ligue aussi formidable, car les sectaires de Mahomet, au souvenir de leur prépondérance de jadis, voulurent tenter un dernier effort et ce fut en quelque sorte avec l'énergie fanatique du désespoir qu'ils allèrent attaquer l'infidèle. Mais ils avaient compté sans la tactique, l'habileté et le courage du jeune comte qui vola à leur rencontre et, après quelques défaites partielles, les défit complètement dans une sanglante bataille livrée sous les murs d'Ourique (2).

(1) Marabout ou prêtre musulman, se dit encore de nos jours pour exprimer une sorte de caveau funéraire toujours situé sur une hauteur.

(2) Alentejo.

Jusqu'à cette époque, une faible partie seulement du Portugal avait reconnu la supériorité d'Henri, la victoire d'Ourique devait venir valider le titre de comte de Portugal que s'était décerné le fils de Thérèse, la défaite des Musulmans devint le titre réel de la légitimité d'Henri comme souverain, les Portugais, ignorants jusqu'alors de l'habileté et de la valeur du jeune comte, furent enthousiasmés d'une victoire si soudaine et si inattendue, la nation tout entière reconnut sa suprématie, et à l'unanimité, le Portugal lui décerna le titre qu'il enviait depuis si longtemps : celui de « Roy ». Le fils de Thérèse prit le nom d'Alphonse Henriquez Ier ; ce fut le premier roi de la monarchie portugaise, de cette monarchie qui prit naissance sur le champ de bataille d'Ourique en 1139, et qui devait se continuer glorieusement et sans interruption jusqu'à nos jours.

C'est à partir de cette époque mémorable que l'on remarque dans l'histoire une véritable transition entre celle de l'Espagne et celle du Portugal. Dès qu'Henri de Portugal eût vu la victoire lui être favorable sous les murs d'Alentejo, il s'empressa de porter plus avant ses armes victorieuses, et profita de l'enthousiasme de ses soldats, enflammés de leurs premiers succès, pour se diriger avec diligence sur Coïmbre, dont les habitants, comme ceux d'Alentejo, sanctionnèrent le titre de roi que l'armée tout entière avait décerné au jeune prince, sur le champ de bataille, devant les cadavres encore chauds de ses ennemis. Henri, après s'être fait remarquer dans plusieurs combats, réunit à Lamego les états du royaume ; jusqu'alors, la royauté n'avait pas encore été reconnue officiellement ; aussi, le jeune comte parut-il à l'assemblée sans aucune marque extérieure de supériorité sur les autres membres, mais, dès son entrée dans la salle du conseil, les représentants du peuple éclatèrent en acclamations, et c'est au milieu de l'allégresse du peuple, au milieu des cris d'enthousiasme de la foule transportée, que l'archevêque de Braga posa sur la tête du jeune chef l'antique couronne des rois Goths, et le salua roi de Portugal, et en souvenir de son père, on lui décerna le double nom d'Alphonse-Henriquez. Après avoir rendu grâce au Seigneur, l'archevêque de Braga implora la bénédiction du Ciel sur le Portugal et son nouveau roi, puis celui-ci se levant, appuyant la main sur cette fameuse épée qui, à Ourique, avait détruit les Infidèles : « *Gloire à* » *Dieu*, dit-il, *qui a centuplé mes forces lorsque* » *j'ai combattu ses ennemis avec cette épée que* » *j'ai ceinte pour la défense du pays; puisque vous* » *avez bien voulu me nommer roi, je suis obligé* » *de concourir avec vous à tout ce qui peut assurer* » *le bonheur et la prospérité du pays. Je suis* » *donc votre roi, et c'est comme tel que j'ai* » *réuni cette assemblée, afin de créer des lois qui* » *assurent la tranquillité à notre royaume.* »

Jusqu'à cette époque, le Portugal avait reconnu la suzeraineté des rois de Léon, et, comme tel, payait chaque année un tribut en retour de l'aide et de la protection qu'il était en droit d'attendre de leurs chefs souverains; cette soumission relative devait rebuter aux Cortès (tel était le nom qu'avaient pris les membres de l'assemblée de Lamego, nom qu'ils ont conservé depuis); dans leur héroïque fierté, ils ne voulurent plus se reconnaître de maîtres, si ce n'est ceux qu'ils se donneraient volontairement eux-mêmes. « *Nous* » *sommes libres*, *et le roi l'est comme nous*, » décrétèrent-ils; *c'est à notre courage seul que* » *nous devons notre liberté*, *c'est à notre valeur* » *que nous devons notre indépendance*, *nous* » *refusons donc de reconnaître à l'avenir l'impôt* » *que nos prédécesseurs payaient aux rois de* » *Léon*, *et si le roi consentait à payer ce tribut et* » *à reconnaître encore la suzeraineté étrangère*, » *il serait indigne de nous commander et de vivre* » *plus longtemps parmi nous....* » Alphonse 1er fut un des premiers à sanctionner cette énergique déclaration, et c'est avec empressement qu'il apposa son sceau royal à cet article, qui résumait si bien la mâle fierté du peuple portugais.

Les Cortès décrétèrent de plus l'hérédité de la couronne : « *A la mort du père, le fils montera* » *sur le trône; à la mort de celui-ci le petit-fils* » *et ainsi continuellement, jusqu'à l'extinction* » *de la race; si le roi meurt sans enfants et qu'il* » *ait un frère, ce frère héritera de sa couronne*, » *mais son fils ne pourra porter la couronne*

» *après lui que si les évêques, les gouverneurs des*
» *villes et les chefs de la noblesse y donnent*
» *leur consentement. Si le roi meurt sans enfants*
» *mâles et qu'il laisse une fille, elle sera reine,*
» *mais elle ne pourra s'unir qu'à un noble*
» *portugais, lequel ne sera reconnu roi qu'après*
» *avoir eu un enfant mâle de la reine. Si la fille*
» *du roi épouse un étranger, elle sera exclue de*
» *la succession; car nous ne voulons point que*
» *nos peuples soient obligés d'obéir à un roi qui*
» *ne serait pas né en Portugal, puisque ce sont*
» *nos sujets et nos compatriotes qui, sans secours*
» *d'aucun peuple étranger, mais par leur valeur*
» *et aux dépens de leur sang, nous ont fait roi !* »

L'instinct belliqueux, joint à sa fierté, ne laissa pas un seul instant de répit au jeune souverain qui avait à cœur le bonheur de son peuple et l'agrandissement de son royaume ; il continua à harceler les Maures déjà affaiblis par plusieurs défaites et bientôt Henriquez Ier mit le siège devant Evora et Santarem, qui ne devaient guère tarder à tomber sous les coups de ses armées victorieuses. En 1147, il enleva Lisbonne aux Arabes après un siège opiniâtre qui avait duré près de six mois ; mais, si la chance devait lui être favorable près des Musulmans, il ne rencontra, au contraire, que des revers dans les incursions et les attaques des princes chrétiens qui, ennemis de cet état nouveau, s'annonçant sous de si heureux auspices, ne cessaient de l'inquiéter dans le nord du Portugal. Alphonse Henriquez Iᵉʳ, qui s'était bercé de l'espoir de toujours être vainqueur, avait trop présumé de ses forces naissantes, il dut se résigner à voir sa longue suite de succès se terminer par quelques revers, mais jamais cependant les défaites ne purent abattre son courage et, fort âgé, on pouvait encore le voir sur les champs de bataille, couvert de sueur et de poussière, commandant lui-même ses troupes, excitant par sa présence la hardiesse de ses soldats, relevant leur courage abattu et augmentant à l'occasion leur enthousiasme par une harangue bien sentie ou perçaient sa bonté d'âme, son orgueil de roi et sa bravoure de Portugais. Il mourut à 91 ans (1185); durant 70 ans, il n'avait cessé de combattre les Maures à l'intérieur de ses états et les Espagnols à l'extérieur. Ce premier souverain portugais mourut emportant avec lui dans la tombe la consolation d'avoir vu ses sujets pleurer à son lit de mort, témoignage extérieur de l'attachement et du dévouement qu'il avait su conquérir non seulement par sa valeur et sa stricte observance des lois, mais encore par sa magnanimité et son zèle religieux (1185).

Alphonse Iᵉʳ n'avait jamais eu qu'un seul fils, enfant unique, auquel il s'était efforcé d'inculquer les nobles sentiments dont il était lui-même enflammé. C'est à ce fils, qui avait réuni toutes les espérances paternelles, que devait revenir un trône si noblement acquis et si loyalement conservé, Sanche Ier prit donc en main les rênes du gouvernement à la mort de son père, mais, malheureusement, la fortune ne se montra pas aussi favorable au fils qu'elle ne l'avait été au père: durant son règne, le Tage déborda et se répandit dans les campagnes, détruisant les moissons, emportant les forêts, renversant les demeures; dès que les eaux se furent retirées, la peste et la famine commencèrent à décimer les populations épouvantées, le clergé eut beau implorer la clémence divine sourde à ses prières, la mort impitoyable continuait son œuvre, les villes n'étaient plus que de gigantesques cimetières et là, où jadis éclataient des chants d'allégresse, on n'entendait plus que lamentations et soupirs. Pour comble de malheur, les Maures, qui avaient cru le moment favorable pour reconquérir une seconde fois leur puissance, se dirigèrent sur Lisbonne, mettant tout à feu et à sang sur leur passage; l'habitant des campagnes, déjà démoralisé par tant de fléaux, s'enfuyait à l'approche de ces farouches conquérants, abandonnant dans sa terreur ses terres et ses bestiaux. Sanche Ier ranime le courage de ses troupes abattues, vole à la rencontre des Musulmans qu'il repousse, après leur avoir fait subir des pertes assez importantes, puis, enhardi par ses succès, il pousse plus avant sa marche guerrière et, en 1197, la province des Algarves tombe en son pouvoir. Dès lors, Sanche Ier ajouta à son titre de roi de Portugal un titre tout aussi glorieux, celui de "*roi des Algarves*". Il mourut en 1211, aussi regretté que ne l'avait été Henriquez Ier et le trône passa aux mains de son fils aîné, qui prit le nom d'Alphonse II. Le nouveau roi voulut continuer l'œuvre commencée par son père, les sectaires de Mahomet rencontrèrent en lui un adversaire aussi impitoyable que ne l'avaient été son prédécesseur et son aïeul. Les rois maures de Cordoue et de Badagoz furent taillées en pièces par les troupes portugaises et durent se rendre à merci à Alphonse II qui, sans aucun doute, aurait agrandi les limites de ses états, si le clergé n'avait refusé de s'associer au restant du peuple et de subvenir aux frais de la guerre (1217). Alphonse II, que son orgueil poussait sans cesse vers de nouvelles conquêtes, voulut obtenir par la force ce que l'Eglise refusait de lui remettre « *sua sponte* »; il voulut dépouiller les temples et les communautés religieuses de leurs ornements et de leurs vases sacrés, afin de pouvoir combler la brèche faite à sa liste civile par cette guerre continuelle, mais les foudres du Vatican le troublèrent dans ces opérations et lui otèrent tout moyen d'action. Un Concile, tenu à Rome, frappa Alphonse II et l'interdit fut jeté sur le royaume; un peuple aussi religieux que ne l'était le peuple portugais, ne pouvait rester longtemps sous les coups de la vindicte religieuse, des murmures commencèrent à s'élever de toutes parts, et c'est à la cour que l'on remonta pour rechercher la source de tous les maux qui s'abattaient sur le Portugal. Désolé d'une telle situation, Alphonse mourut de chagrin sans seulement avoir pu regagner cette confiance, cette sympathie et cette estime de ses sujets dont il était si fier au début de son règne, le monarque mourut miné, dans la fleur de son âge, (à trente-huit ans à peine) (1223), ne laissant après lui comme successeur qu'un enfant de seize ans.

Sanche II succéda à son père ; lui aussi remporta sur les rois maures de grandes victoires, il parvint même à les expulser de l'Alentejo où ils s'étaient fortifiés, leur enleva un grand nombre de places fortes dans les Algarves, mais il avait malheureusement hérité du dissentiment qui avait éclaté entre son père et l'Eglise, le pape l'excommunia à son tour, les évêques réunis en concile le déposèrent, et la régence du royaume fut confiée à son frère Alphonse. Les Portugais, terrifiés par cette nouvelle décision du Saint Siège, abandonnèrent la cause du roi légitime, et s'empressèrent de reconnaître la suprématie du roi qui leur était donné par le clergé ; Sanche, abandonné, se réfugia à Tolède, à la cour du roi Ferdinand, dont il réclama l'aide et la protection ; tandis qu'à la tête de quelques troupes, Alphonse gagnait Lisbonne. Mais déjà son frère l'y avait devancé et avait fait publier à son de trompe, par ses hérauts, des édits qui dotaient le peuple de privilèges et de faveurs nouvelles, et sans aucun doute il serait parvenu à ressaisir son sceptre, si l'archevêque de

Braja ne vînt déjouer ses projets et renverser l'édifice tout plein d'espérance qu'avait formé le jeune souverain en présence du sympathique accueil que lui avait fait son peuple. Ce prélat fit relire dans les églises de son diocèse la bulle pontificale qui déposait Sanche II de son pouvoir, lui-même, revêtu de ses habits sacerdotaux, la crosse à la main, escorté de son clergé, se rendit au camp du roi excommunié, et au milieu de cet appareil imposant et cérémonieux, fit part à ses partisans de l'édit du Vatican ; cette seule lecture suffit pour jeter la consternation dans l'armée, et les troupes en masse désertèrent le drapeau de ce prince par trop confiant (1227). Privé de secours, sans troupe, presque sans amis, Sanche retourna à Tolède et y mourut sans avoir la consolation de voir, à son chevet délaissé, des enfants pour lui fermer les yeux et assister à ses derniers moments, le Ciel, dans sa juste colère, ne lui ayant jamais donné de postérité (1248).

Depuis que le Vatican avait confié la régence à Alphonse III, c'est-à-dire depuis l'an 1245, le frère de Sanche gouvernait le royaume, s'efforçant, par une sage administration, de conquérir la sympathie du peuple et de faire oublier les quelques années du règne de son frère ; à la mort de celui-ci, il fut proclamé roi et couronné à Coïmbre. Alphonse III obtint la main de Béatrix, fille du roi de Castille ; au point de vue politique, cette union fut des plus malheureuses, car le père de son épouse, jaloux de l'agrandissement des états de son gendre, l'obligea à partager avec lui ce qu'il avait acquis dans l'Andalousie et l'Algarve (1253). Comme ses ancêtres, Alphonse III fit la guerre aux Maures, et repoussa aux confins de son royaume ces ennemis invétérés du nom chrétien, malheureusement, à son tour, il voulut s'initier aux affaires du clergé, dont il voyait d'un œil d'envie s'accumuler les richesses; ces mesquines vexations firent déchaîner sur lui les foudres du Vatican, Alphonse III fut excommunié, mais lui put au moins mourir dans son palais de Lisbonne, entouré de sa famille, au milieu de son peuple, qui insensiblement commençait à se faire à ce déchaînement répété des colères pontificales (1278).

A la mort de son père, le prince Denis monta sur le trône; quoique encore jeune, il prit cependant en main les rênes du gouvernement; dès le début on pouvait présager, ce que fut d'ailleurs son règne, une ère de bonheur et de prospérité, aussi, le peuple ne le connût bientôt plus que sous le nom de « Père de la patrie », nom qu'il a conservé encore aujourd'hui dans l'histoire, et qui indique suffisamment quel devait être le dévouement et l'attachement du jeune prince pour ses sujets et la respectueuse sympathie que ceux-ci lui avait donnée en retour. Alphonse III s'était efforcé à inculquer à son fils les principes de l'honneur et de la probité, il avait fait donner au jeune prince une éducation soignée, ses précepteurs civils comme ses maîtres militaires, étaient fiers et avec raison des progrès de leur royal élève, aussi ce prince, en montant sur le trône, était déjà en quelque sorte jugé et apprécié par ses sujets, qui n'étaient pas sans ignorer les faits de la cour. Denis favorisa le commerce de l'industrie ; fit fonder des écoles et des ateliers dans les principales villes du pays ; aida de son pouvoir l'essor des communautés, encouragea l'agriculture, jeta les bases de la ville de Montréal, fit réparer les édifices et les monuments publics détériorés par l'aveugle brutalité des Maures ; il embellit les autres villes du Portugal, fit creuser des canaux et des aqueducs et tracer des voies nouvelles ; il obtint du Pape la réunion des biens des Templiers à l'ordre militaire du Christ qu'il venait de créer, et s'efforça de donner à ses sujets la confiance et la tranquillité en maintenant la paix, mais son fils devait venir troubler cette époque de prospérité en se montrant rebelle aux nobles exemples que lui donnait son père Alphonse, (1319), il leva tout-à-coup l'étendard de la révolte et sut, malgré l'estime générale dont était entouré le roi, rencontrer des partisans ; durant quatre années consécutives , les insurgés tinrent en échec les troupes royales, mais cette guerre inégale ne pouvait continuer, petit à petit les révoltés reconnurent leur erreur et abandonnèrent une cause injuste et inhumaine ; Alphonse, délaissé, fut obligé de mettre bas les armes, et humilié, alla se jeter aux genoux du souverain pour implorer son pardon. La conduite de ce mauvais fils avait porté le coup de mort dans le cœur de ce père si aimant, de ce roi si dévoué, les chagrins le tuèrent et Denis s'éteignit au commencement de l'année 1325, à l'âge de soixante-trois ans, pleuré et regretté de ses sujets.

Deux successeurs posèrent aussitôt leurs candidatures au trône du Portugal, les deux fils du roi défunt : l'un naturel, l'autre légitime, ce dernier qu'il eût de son alliance avec Elisabeth d'Aragon et qui hérita de son sceptre. Alphonse IV, dont les qualités militaires ne sont pas à contester (1), s'empressa, en montant sur le trône, de dépouiller Sanche d'Albuquerque, son frère naturel, de tous ses biens, et il alla même jusqu'à le chasser du royaume malgré les loyaux services qui le recommandaient à l'estime générale. Vers cette époque (1338), les musulmans d'Afrique avaient formé une ligue formidable qui s'apprêtait à envahir la péninsule ibérique et à se répandre de là comme un flot envahisseur dans le restant de l'Europe ; à l'annonce de cette nouvelle, les rois de Castille, d'Aragon et de Portugal s'associèrent dans une commune alliance afin de s'opposer au désastre imminent qui menaçait de s'abattre de nouveau sur le continent. Alphonse IV se fit remarquer par le zèle désintéressé dont il fit preuve dès le début de la campagne, et c'est en grande partie à la vigueur de son bras, à la vivacité de son intelligence, à sa remarquable tactique militaire et à sa bravoure que revint le succès de la bataille de Salado, qui sauva

(1) Le courage et la valeur guerrière d'Alphonse lui valurent le titre de « Brave » qu'il a conservé depuis.

une seconde fois l'Europe des mains avides et cruelles des infidèles (1340). Mais malheureusement cette épée royale qui n'aurait dû être tirée que pour la défense de la patrie, se souilla dans un sang innocent, dans celui d'une femme ! Alphonse IV fit égorger Inez de Castro, lui faisant un crime de ce que son fils Pierre s'était uni à elle sans avoir reçu le consentement paternel. Lorsqu'il apprit ce lâche assassinat, Pierre réclama à son père les trois mercenaires qui n'avaient pas eu honte de plonger un poignard homicide dans le sein d'une innocente sans force et sans défense, mais le roi refusa de satisfaire à la juste demande de son fils, et le prince, frappé dans ce qu'il avait de plus cher, aussi bien dans son amour que dans son honneur, résolut de se venger d'une façon éclatante d'un aussi lâche assassinat; ayant sellé le meilleur coursier de ses écuries, presque sans suite, il alla porter la lugubre nouvelle aux frères de sa malheureuse épouse. L'annonce seule de cet horrible forfait suffit à exciter le courroux des deux jeunes gens, un besoin commun de vengeance et d'amour-propre les unissait pour la vie au fils d'Alphonse IV, à trois ils se partagèrent les provinces situées entre le Douro et le Minho et excitèrent à la révolte ces populations qu'ils n'eurent pas de peine à enrôler sous leurs bannières et à faire partager leur ressentiment. Une seconde fois, Pierre réclama de son père la remise des trois assassins, une seconde fois il reçut un refus formel à sa prière; la guerre éclata alors terrible, acharnée, alternativement les armées du roi et des insurgés sont battues pour être victorieuses quelques jours après, et rien ne faisait prévoir quel serait le résultat de cette guerre civile, de cette lutte de famille qui ensanglantait le Portugal; durant une trêve, Pierre réclama une fois encore les trois émissaires qui avaient brisé son bonheur, mais Alphonse persista dans son opiniâtreté, la mort vint le surprendre dans son aveugle et blâmable persistance, et même sur le point d'expirer, il ne voulut pas se soumettre aux justes revendications des frères outragés dans leur honneur, de l'époux frappé dans ses affections, et de l'orphelin privé de ce qu'il y a de plus doux sur la terre: l'amour d'une mère. Quant au châtiment des coupables il ne devait plus guère tarder, on inventa pour eux les tourments les plus cruels et c'est au milieu des souffrances les plus atroces qu'expirèrent deux des coupables, le troisième étant parvenu à se sauver et à échapper ainsi à l'horrible mort dans laquelle périrent ses deux complices.

A la mort d'Alphonse IV, Pierre monta sur le trône (1357); malgré son caractère farouche, sa brutalité même, il sut conquérir dès les premières années l'amitié et la sympathie de ses sujets; il réunit les plus éminents jurisconsultes de son royaume, et, avec leur concours, s'appliqua à modifier les lois existantes, à en corriger les textes défectueux et à en créer de nouvelles, nécessaires à la situation actuelle du pays; il enleva aux grands les privilèges dont les avaient dotés ses prédécesseurs, fit disparaître les abus par trop nombreux qui régnaient partout dans l'administration, s'efforça de maintenir l'ordre et la paix, et bien souvent descendit de son trône pour assister aux débats des tribunaux, où il faisait rendre la justice avec désintéressement et équité. Après dix ans de régne, la mort vint le ravir à l'amour de ses sujets; il mourut en 1367, et chacun à l'envie lui décerna le titre de "Justicier", pour la magnanime justice dont il ne cessa de faire preuve durant sa vie.

Pierre laissa en mourant deux fils, Ferdinand, qui devait lui succéder, fruit de son union avec Inez de Castro, le second, Joam, fils naturel qu'il eut avec sa concubine Thèrèse Lorenzo. A la mort de son père, Ferdinand Ier monta sur le trône ; autant le roi son père avait dès les premières années de son règne montré la vivacité ou plutôt la brutalité de son caractère, la franchise de son cœur, autant celui-ci se montra prince efféminé, inconstant et hypocrite; voulant agrandir ses états, il fit valoir auprès d'Henri de Castille ses prétentions à la couronne castillane, alléguant pouvoir y aspirer comme petit-fils d'Alphonse III, mais Henri s'opposa énergiquement à ses prétentions déplacées, et les armes à la main confondit son adversaire par trop exigeant; Ferdinand parut se soumettre, mais ce fut surtout devant l'énergie et la bravoure d'Henri de Castille qu'il retira ses troupes, car ayant trouvé un allié dans le duc de

Lancastre, qui de son côté croyait également pouvoir revendiquer une partie de la Castille, il s'empressa d'attaquer à l'improviste son vainqueur, espérant le trouver au milieu de ses sujets désarmès, confiant dans la soumission pacifique de son déloyal adversaire ; mais les agents castillans veillaient, et Henri fut averti à temps du projet de ses ennemis ; il vola à leur rencontre, et dans plusieurs combats les battit successivement et les chassa de ses états ; la guerre aurait sans doute continué, guerre d'extermination qui ne devait s'arrêter qu'avec la chûte complète de l'un des deux royaumes, si Guy de Boulogne, légat pontifical, n'était intervenu, et par ses prières et ses exhortations n'avait su réconcilier les trois princes ennemis. Autant ils étaient ennemis acharnés, autant devinrent-ils par la suite amis dévoués, Henri demanda même bientôt la main de Béatrix, fille de Ferdinand, qui s'empressa de la lui accorder, à condition toutefois que si un enfant devait naître de cette union, il serait élevé en Portugal et reconnu roi de ce pays, si, au contraire, il ne naissait aucun héritier mâle, le roi de Castille lui-même hériterait de la couronne portugaise. Peu de temps après ce mariage, Ferdinand mourut sans laisser de successeur au trône ; avec lui s'éteignit la maison de Bourgogne, qui avait donné au pays dix souverains durant les règnes desquels le pays fut relativement heureux.

Aucun descendant masculin n'étant né de l'union de Béatrix de Portugal et d'Henri de

Castille ; à la mort de Ferdinand, celui-ci se basant sur le contrat dicté du vivant de son beau-père, s'empressa de faire valoir ses droits au trône et somma la veuve du souverain défunt et les Cortès de le proclamer roi et de le faire reconnaître comme tel par le peuple. Le sang des Cortez contemporains d'Alphonse-Henriquez n'avait pas changé, c'étaient les mêmes désirs d'indépendance et de liberté qui faisaient battre leur cœur, aussi se rappelèrent-ils le décret de leur premier souverain, proclamant l'hérédité de la couronne, il leur répugnait de voir monter sur le trône un prince étranger, et ils sentaient la colère bouillonner au fond de leur cœur ambitieux, craignant déjà d'être obligés de plier devant les instances du roi de Castille ; comme une traînée de poudre, l'excitation des esprits éclata par tout le royaume, et depuis la chaumière jusqu'au palais, riche ou pauvre, noble ou prolétaire, chacun voulut défendre ce qu'il considérait comme ses droits ou sa propriété. En ces temps de révolte et d'insurrection se faisait particulièrement remarquer un descendant illégitime de roi : Dom Joam, fils naturel de Dom Pedre, grand-maître d'Aviz, qui, dans les moments difficiles, s'était toujours trouvé au premier rang, ne craignant pas d'exposer sa vie pour le salut du pays ; tant de courage et de dévouement avaient su lui conquérir l'estime publique, et dans ce moment extrême, on eut recours à son habileté et à son intelligence ; à l'unanimité, les représentants des divers Etats le nommèrent “ *régent et protecteur du royaume* ”. Dom Joam, d'abord surpris de cette brusque décision du peuple, s'empressa cependant d'organiser la défense ; il fit, à la hâte, fortifier les villes, fit amener sur les remparts les machines de guerre les plus formidables, fit faire de nouvelles levées, et décréta des impôts nouveaux afin de pouvoir subvenir aux dépenses exagérées que cette guerre allait causer au budget ; lorsque toutes ces dispositions furent prises, le jeune prince attendit l'ennemi de pied ferme, plein de confiance dans son énergie, dans l'appui de ses concitoyens et dans le secours de la Providence.

Les Castillans ne tardèrent pas à se présenter devant Lisbonne avec des forces considérables ; la ville fut mise en état de siège, et l'armée ennemie toute entière entoura la ville, mais, sur les rives du Tage, elle fut obligée d'arrêter son système de circumvallation ; quelques jours après, l'attaque commença énergique, opiniâtre, presque féroce même des deux côtés, les Portugais défendant leur territoire, les Castillans exigeant les droits dont ils se croyaient frustrés ; au fur et à mesure que des ouvrages nouveaux s'élevaient contre les murs, au fur et à mesure les partisans de Dom Joam les détruisaient, et les efforts du roi de Castille vinrent se briser devant l'opiniâtreté et la vigilance du régent. L'armée des assiégeants subissait des pertes considérables, tandis que les assiégés, à l'abri de leurs murs, se riaient des vains efforts de leurs ennemis, que le découragement gagnait de jour en jour davantage, en présence du " statu quo " qui ne laissait rien présager de favorable pour l'avenir. En communication continuelle avec le restant du pays, les Portugais se ravitaillaient par le Tage, les Espagnols, au contraire, au milieu d'un pays ennemi, commençaient à se ressentir de la faim, bientôt les troupes furent décimées par la famine, les nourritures corrompues et les eaux pestilentielles ; les mourants remplirent le camp et les miasmes de ces centaines de cadavres, engendrèrent des maladies contagieuses, la peste continua l'œuvre commencée par la famine, des compagnies entières furent enlevées par ces terribles fléaux qui, aveuglement, frappaient et chefs et soldats ; en présence de ces ravages le roi de Castille s'empressa de lever le camp abandonnant, devant la capitale du Portugal, l'élite de son armée et l'orgueil de son peuple (1385).

Quoique victorieux, Dom Joam poursuivit les Castillans qu'il attaqua dans les plaines d'Aljubarotta; après une lutte, également soutenue de part et d'autre, l'armée du roi de Castille fut taillée en pièces, peu de temps après cet exploit, le régent fit réunir les Cortès à Coïmbre et à l'unanimité on lui décerna le titre de roi de Portugal, titre que par son courage et son habilité il avait si bien mérité. Aussi bon gouverneur que brave guerrier, il sut, grâce à une politique sage et modérée, gagner toutes les sympathies populaires et consolida puissamment la dynastie d'Aviz, qui était montée avec lui sur le trône. En 1387, le jeune souverain épousa Philippine, fille du duc de Lancastre, princesse d'une grande beauté et qui toujours avait su se faire aimer aussi bien de ses compagnes que de ses vassaux et de ses inférieurs. Dom Joam enleva à l'aristocratie les priviléges exorbitants qu'elle devait à la libéralité de ses prédécesseurs, il obligea les principaux seigneurs du royaume à lui vendre les domaines qu'ils tenaient de la couronne et leur enleva ainsi leur puissance et leur force en leur ôtant leurs tributaires ; les filles nobles ne purent plus hériter des biens qui dans l'origine relevaient du domaine royal, etc., ces sages réformes lui attirèrent l'inimitié de l'aristocratie, mais lui gagna, d'un autre côté, le dévouement et la reconnaissance du peuple, aussi furent-elles maintenues et grâce à ces énergiques dispositions le revenu public augmenta sans qu'il fût nécessaire de créer de nouveaux impôts. A l'exemple de Dom Pedro, Dom Joam travailla à l'amélioration de l'antique législature dont Henriquez Ier avait dotée le Portugal, ces divers édits, modérés pour cette époque, n'avaient plus aucune raison d'être et ne se trouvaient plus en harmonie avec les mœurs du temps.

Lorsque Dom Joam eut achevé ces réformes aussi utiles que nécessaires, il dirigea ses regards du côté de l'Afrique, repaire et refuge des Musulmans chassés du continent européen et d'où les sectaires de Mahomet lançaient dans le monde entier leurs corsaires et leurs soldats. Jean Ier (1)

(1) Dom Joam ou Juan I ou bien encore Jean Ier.

commença à envoyer contre les mahométans de Barbarie, en 1412, une partie de ses troupes qu'il mit sous le commandement d'un de ses meilleurs généraux ; à cette occasion les navigateurs portugais s'avancèrent le long des côtes occidentales d'Afrique jusqu'au cap Bajador, ce qui n'avait pas encore été fait jusqu'alors. Le roi de Portugal qui voulait faire de ses enfants des héritiers dignes de lui, s'éclipsa et remit le commandement de ses armées à ses trois fils, les troupes se divisèrent en trois corps distincts ayant chacun à leur tête un prince royal, ces trois corps devaient se séparer en arrivant sur le littoral africain, et porter chacun de leur côté la dévastation et le désordre au milieu des Mahométans, pour se réunir ensuite sous les murs de Ceuta qui avait été indiquée comme le terme de l'expédition. Les trois jeunes princes se distinguèrent également par leurs faits d'armes, leur bravoure et leur énergie, l'Islam s'enfuyait épouvantée devant l'épée de ces jeunes guerriers que rien ne pouvait arrêter et qui n'ayant qu'un mot d'ordre : la religion, qu'un souci : l'honneur, perçaient aveuglement les rangs ennemis se dirigeant en droite ligne vers les minarets de Ceuta. Dom Henri arriva le premier et fut rejoint bientôt par le plus jeune de ses frères ; le siège commença aussitôt et quelques jours après l'étendard portugais était planté sur les murs de la ville conquise par l'un des princes tandis que l'autre arrachait et jetait au vent la hampe que surmontaient la queue de cheval et le croissant légendaire (1), les Portugais suivirent la trouée sanglante faite par ces trois braves, la garnison fut repoussée en dehors de ses remparts, les portes furent ouvertes et Dom Joam qui de loin avait assisté à l'expédition, fier de l'orgueil de ses enfants entra dans la ville conquise, tandis qu'à l'intérieur des murs au milieu des monceaux de cadavres, des flots de sang, des ruines croulantes des habitations incendiées, l'armée proclamait ses fils chevaliers sur le champ même de leurs exploits. Le roi valida la décision des troupes dans la principale mosquée de Ceuta et consacra à son tour la bravoure de ses fils en leur ceignant l'écharpe et l'épée de chevalier qu'ils avaient si noblement conquises au prix même de leur sang (1415).

Si ces conquêtes contribuèrent à rehausser l'éclat de la famille royale de Portugal, d'autres bien plus remarquables, parce qu'elles étaient plus pacifiques, la firent envier des autres nations. En 1418, Gonzales Zarco et Tristan Vaz plantèrent le drapeau portugais sur les plages jusqu'alors inconnues des îles de Porto-Santo et de Madère; plus tard, Ferdinand de Castro, Grand-Maître de la maison de l'Infant, découvrit l'archipel des

(1) Dans leur fanatisme, les Mahométans avaient adopté comme étendard sacré, une touffe épaisse de crins blancs fixée à une hampe et surmontée d'un croissant, c'est d'ailleurs encore le signe de ralliement dès régiments d'indigènes algériens, tels que spahis et tirailleurs.

Canaries (1420). Gilianez, en 1428, double le cap Nun qui, jusqu'alors, avait été considéré comme les antipodes de la navigation, tandis que Gonzalho-Velho découvrait l'archipel des Açores après avoir déployé sur les rochers de Santa-Maria les plis de l'étendard national. En 1440, Denis Fernandez passe le tropique et ne revint dans sa Patrie qu'après avoir doublé le cap Blanc. Toutes ces possessions au loin procurèrent au Portugal une grande opulence et firent de cette partie de la Péninsule Ibérique un gigantesque marché où venaient s'entasser les richesses de la Perse, de l'Arabie, du Mogol, de l'Inde, des côtes de la Chine et du Japon, Lisbonne devint le centre de ce marché exotique, où tous les marchands, protégés par l'ombre du pavillon protecteur, vinrent étaler à profusion leurs marchandises les plus précieuses. Après de tels succès Dom Joam pouvait mourir tranquille; le trône qu'il avait su consolider par sa politique franche et loyale ne devait pas passer dans des mains débiles et, après un règne de soixante-quinze ans, le roi de Portugal expira en laissant la couronne à Edouard, son fils aîné.

Sous le règne du fils de Dom Joam, Fernand Pô découvrit les îles du Prince, de Saint-Thomas, de Fernando et d'Annolus; ce règne fut pour le pays une période de paix et de prospérité, Édouard, prince pacifique, s'efforça de maintenir la tranquillité à l'intérieur du royaume et la bonne entente à l'extérieur des frontières, il se contenta de maintenir dans son premier éclat le brillant héritage que son père lui avait laissé en mourant, sans pour cela se dessaisir un seul instant de son assurance et de sa fierté. A cette époque le Portugal pouvait être rangé parmi les États les plus importants du continent, ses possessions en Afrique devenaient de jour en jour plus importantes et chaque année de hardis explorateurs bravant la fureur des flots et la cruauté des peuplades, allaient planter au loin le drapeau de la mère-patrie, ouvrant ainsi de vastes débouchés au commerce et à l'industrie de leurs frères et des champs nouveaux à la philanthropie et à la civilisation.

Dom Henri, fils de Dom Joam et de Philippine de Lancastre et oncle du prince régnant, contribua beaucoup à augmenter cette impulsion aux entreprises maritimes; ce prince, qui sur les champs de bataille se faisait remarquer par sa bravoure et son habileté devenait, lorsqu'il s'était dépouillé du haume et de la cuirasse, un savant érudit, s'adonnant principalement à l'astronomie et aux mathématiques; il poussa même le perfectionnement dans cette dernière branche assez loin pour opérer dans l'art de la navigation des travaux et des réformes vraiment remarquables et qui dans la suite devaient procurer à sa patrie et à ses sujets les plus beaux résultats. La géographie fut également une de ses branches favorites; il en reçut les leçons des maîtres les plus illustres et s'entretenait volontiers avec les voyageurs mandés à sa cour; sous sa protection, quelques navigateurs portugais découvrirent une île luxuriante à laquelle ils donnèrent le nom de Porto-Santo, d'où ils purent facilement apercevoir les rivages verdoyants et boisés de l'île de Madère; ils y créèrent des comptoirs et des établissements utiles qui existent encore de nos jours. En 1434, le fils de Dom Joam, enhardi par ses premiers succès, envoya ses navigateurs sur les côtes du Sénégal, afin qu'ils puissent fixer et décrire exactement le trajet et la direction parcourue par le fleuve de ce pays; cette expédition scientifique visita successivement les îles Açores et Canaries, ainsi que le Cap-Vert; dans chacun de ces endroits, ils fondèrent des comptoirs et des résidences, et continuant leur exploration jusqu'aux côtes de la Guinée, ils ne s'arrêtèrent qu'au cœur même du royaume de Bénin où jusqu'alors aucun Européen n'avait osé se risquer. Prince désintéressé, Henri II équipait les galères de sa bourse personnelle; marin entreprenant, il n'hésitait pas à les conduire à travers les mers inconnues jusqu'à des rivages inexplorés; savant compétent, il traçait lui-même à sa flotte la course qu'elle avait à parcourir et les obstacles qu'elle avait à éviter. Afin d'encourager ses navigateurs et d'assurer au royaume le fruit de ses heureuses découvertes, l'oncle du roi dépêcha vers le Pape Eugène IV un ambassadeur pour le prier de bien vouloir donner sa sanction apostolique à ses entreprises, et accorder à la couronne portugaise certain droit sur tous les pays infidèles que ses navigateurs découvriraient dans la suite ou que les soldats du roi assujettiraient sous leurs armes victorieuses. « *Vous couronnerez ainsi,* » *Très-Saint Père,* disait-il, *le zèle avec lequel* » *je me suis dévoué afin de découvrir ces pays* » *inconnus, repaires infects où croupissent* » *dans le fétichisme, l'idolâtrie et le mahomé-* » *tisme ces peuples ignorants du vrai Dieu et* » *de sa religion.* » Non content de cela, Henri alla même jusqu'à lui demander son intercession auprès des autres peuples, afin qu'ils ne vinssent pas les inquiéter dans leur marche de découverte, faisant ressortir que s'il avait à cœur de réussir dans ces diverses entreprises, ce n'était que pour convertir les infidèles et assurer à travers le monde l'autorité du successeur de Saint-Pierre. Une politique si habilement dirigée devait aboutir à un heureux résultat, Eugène IV fit paraître une bulle, par laquelle il accordait aux Portugais un droit exclusif depuis le cap Bojador jusqu'aux extrêmes limites des Indes, des commerçants anglais qui étaient venus s'établir sur les côtes de la Guinée durent plier bagages sur l'ordre d'Édouard d'Angleterre qui fut un des premiers à se soumettre aveuglément aux désirs du Saint-Siége. Voulant qu'après lui son œuvre continua à subsister, Henri II fonda la première école de navigation que l'on vit en Europe, école qui devint la plus célèbre du monde entier, et sur les bancs de laquelle Christophe Colomb, l'illustre marin genois, vint développer et perfectionner ses connaissances avant de marcher à la conquête d'un monde nouveau. Successivement sortis de cette école remarquable, Diego d'Azambuja, Diego Cam, Alphonsio d'Aveiro, Barthelémy Diaz qui en 1486 découvrit le fameux cap de Bonne-Espérance, que Vasco de Gama devait doubler une dizaine d'années plus tard.

A la mort d'Édouard, son fils Alphonse V monté sur le trône se fit couronner roi de Castille et quelques temps après son avénement attaqua dans leurs derniers repaires, les Musulmans qui ne savaient plus où se réfugier. A la tête de ses troupes, il s'empara d'Ayzile et de Tanger, mais ces débuts vainqueurs rencontrèrent bientôt une fin dans les plaines de Toro, où ses armées furent obligées de battre en retraite devant un ennemi bien supérieur en nombre et qui par une habile tactique était parvenu à envelopper les troupes royales dans une triple enceinte de fer ; Alphonse, auquel l'histoire a donné plus tard le nom de " l'Africain ", regagna Lisbonne et mourut presque de dépit d'avoir été obligé de renoncer à ses imprudentes prétentions (1481).

Au retour de l'expédition de Tanger où il s'était signalé sous les yeux de son père, Jean I se retira de la cour pour se fixer à Sagras, non loin du cap Saint-Vincent ; à l'exemple de son frère, il se fit accompagner dans sa retraite par plusieurs savants illustres qui le secondèrent dans ses recherches et dans ses travaux. Non content de s'instruire aux leçons des plus érudits Portugais, il consulta les Juifs et les Maures de Barbarie, il sut grâce à sa probité, son affabilité, son respect pour les croyances, attirer à son service les navigateurs étrangers déjà célèbres. Il mourut en 1464, universellement regretté, sa mort arrêta pour quelque temps l'impulsion que les derniers souverains portugais avaient su communiquer à la navigation et aux découvertes. Cependant, son fils Jean II qui avait hérité de son père et de son oncle Henri de Portugal, la passion des lointaines explorations résolut de contourner entièrement le continent africain : il commença à cet effet par envoyer à l'empereur d'Ethiopie, des ambassadeurs chargés de recueillir les renseignements que celui-ci voudrait bien leur donner au sujet des côtes orientales de l'Afrique et des Indes, des difficultés de tout genre qu'on aurait à surmonter, des peuplades dont on aurait à se défier, et celles au contraire dont il fallait rechercher l'amitié et l'alliance, etc., etc.

De retour de leur voyage, les ambassadeurs rendirent compte de leur mission au jeune roi, qui se hâta d'envoyer une petite flotille sous le commandement de l'amiral Diaz, dont la mission consistait à longer les côtes occidentales de l'Afrique ; poussé par un vent favorable, l'amiral rencontra après quelques jours d'une heureuse navigation, une île remarquable, d'une végétation luxuriante et admirablement située, il s'empressa d'arborer les couleurs nationales dans ces parages inconnus, Santa Crux (1) devenait possession portugaise ! Poussant plus avant ses recherches, Diaz découvrit le promontoire dont on soupçonnait l'existence depuis si longtemps, il l'appela le cap des Tourmentes, en souvenir d'une affreuse tempête à laquelle les marins avaient eu beaucoup de mal d'échapper, mais au retour de l'expédition, Jean II au contraire lui donna le nom de cap de Bonne-Espérance, car il considérait ce coin de mer, en quelque sorte, comme l'entrée de la route des Indes, par où la richesse et la prospérité devaient arriver dans la patrie. Après quelques années d'un règne pacifique, Jean II mourut (1495), laissant le sceptre et la couronne à son cousin, Emmanuel dit " le Fortuné "

Les Portugais avaient alors la navigation la plus étendue de l'univers, leur puissance sur mer était vraiment formidable, sur les rivages les plus éloignés, on voyait flotter vainqueurs et altiers les plis du drapeau de Portugal ; Lisbonne était devenu le centre scientifique où se réunissaient les astronomes les plus érudits, les géomètres les plus remarquables et les navigateurs les plus hardis, c'est là que l'on vit paraître officiellement pour la première fois le fameux Christophe Colomb, qui, dans une conférence remarquable de précision et de clarté, s'efforça de faire comprendre à la docte assemblée, la possibilité de découvrir de nouvelles

(1) Santa Crux ou Sancta Crux (Sainte-Croix), appelée de la sorte parce que le pavillon portugais était surmonté d'une croix.

terres du coté de l'Asie. On trouvera sans doute bien hardie cette déclaration de l'illustre navigateur, surtout à une époque où l'on ne faisait pas comme de nos jours usage de la boussole, mais grâce à une découverte de Martin Behaim et de deux médecins de Jean II, il était permis aux navigateurs, en pleine mer, de préciser à peu près exactement la distance où ils se trouvaient d'un même point donné, cet instrument si utile, l'origine première de la boussole, se nommait "l'*Astrolabe*", ce fut Christophe Colomb qui s'en servit le premier et à force de travail et de persévérance, imagina des règles pour fixer la position des vaisseaux par la latitude et la longitude. Colomb, accompagné de Barthelémy son frère, vint s'établir à Lisbonne, il y épousa la fille d'un navigateur portugais, et de cette union naquit un fils, qui dans la suite devint Vice-Roi des Indes. Un parent de sa femme, Pierre Torero, établi à Porto-Santo, lui fit part quelque temps plus tard d'un phénomène curieux qu'il avait déjà remarqué à plusieurs reprises : dès qu'un vent un peu violent venait à souffler de l'ouest, le rivage était toujours couvert le lendemain de pièces de bois ainsi que de débris de plantes inconnues dans ces parages et que les flots en se retirant avaient déposés sur la grève ; cette déclaration ne fit qu'accroître davantage la conviction du marin gênois : en allant vers l'ouest, il devait rencontrer une terre quelconque. Rejeté à Gênes, sa patrie, il fit part de ses travaux à Jean II, roi de Portugal, qui les fit examiner et qui dans un but probablement louable au point de vue patriotique, n'en était pas pour cela moins indélicat, fit exécuter secrètement les projets du trop confiant étranger ; mais les pilotes, ignorants de l'étude des astres, reculèrent devant l'immensité de l'Océan et regagnèrent le port croyant se justifier en traitant Christophe Colomb de visionnaire. Furieux, Colomb s'adressa à l'Espagne, il y fut écouté, et après une foule de tribulations, après avoir surmonté des obstacles sans nombre, après avoir enduré des souffrances inouïes, il réussit enfin dans ses projets. Grâce à lui, à son génie et à son intrépidité, l'Espagne se couvrait de gloire, mais, en retour, il n'y rencontra, lui, que des fers et de l'ingratitude.

Plus tard, vers l'an 1500, le vice-amiral Alvarez de Cabral, à la tête de quelques galères, dirigea la proue de ses vaisseaux vers le Cap-Vert, espérant qu'en filant directement vers le Sud, il se dirigerait ainsi plus aisément vers l'Afrique méridionale ; il découvrit une partie des côtes brésiliennes et fit une alliance avec les souverains du pays, il y construisit des forts, et assura au Portugal la possession de cette superbe contrée. Non content de cet heureux résultat, l'infatigable Cabral fit voile vers l'Asie, successivement, il aborda à Calicut, à Cononor et enfin à Cochin, faisant connaître aux peuples asiatiques les bienfaits civilisateurs tout en s'associant puissamment à la grandeur et à la prospérité nationale.

Plusieurs autres navigateurs illustrèrent encore à l'envie cette époque fortunée pour la terre portugaise, mais aucun d'eux ne put égaler Albukerque qui, par son génie, sa hardiesse et sa franchise, devait devancer tous ses prédécesseurs. Nommé vice-roi des Indes en 1503, Albuquerque s'efforça, dès son entrée en fonction, à agrandir les possessions que son roi avait bien voulu lui confier. A la tête de ses troupes, il fit la conquête de Goa et de Malabar, étendit sa puissance aux îles de la Sonde, de Sumatra, de Ceylan et jusqu'à la presqu'île de Malacca, qu'il eut beaucoup de peine à soumettre sous ses armes conquérantes.

En 1507, le Mars portugais s'empara de l'île d'Ormutz, situé à l'entrée du golfe persique. Le roi de Perse, suzerain de cette île, s'empressa aussitôt de réclamer le tribut que les princes, ses vassaux de jadis, lui avait toujours payé ainsi qu'à ses prédécesseurs; Albuquerque ordonna alors à ses hommes d'apporter devant les ambassadeurs de grandes caisses que ceux-ci crurent remplies de cadeaux, de présents et de choses précieuses, mais, quand on les ouvrit, elles ne contenaient que des boulets, des grenades, des sabres et des piques. « *Voici*, » leur dit-il, *la monnaie dont nous autres, Portu-* » *gais, nous payons nos tributs.* » En présence de ce langage ambitieux mais qui indiquait bien quelles étaient les dispositions du vainqueur, les princes asiatiques cherchèrent à s'allier un adversaire aussi important; les rois de Siam vinrent à la cour d'Albuquerque offrir au représentant du roi de Portugal des présents de toute nature, espérant par ce moyen de corruption et par l'ostentation de leurs richesses obtenir, en cas de besoin, le secours des armées européennes; le roi des Perses, qui s'était jusqu'alors cru invincible et semblait accabler de son mépris « *ces étrangers* », rencontra au contraire dans Albuquerque un ennemi capable d'abattre son orgueilleuse présomption et l'humilier dans sa fierté. Le vice-roi, ayant repoussé les corsaires arabes infestant la Mer Rouge, ouvrit un chemin nouveau aux flottes portugaises qui n'avaient jamais osé se risquer dans ces parages en présence de la cruelle piraterie de ces peu délicats navigateurs. Sous un aussi sage gouvernement, l'Inde, déjà suffisamment favorisée par la nature, devint en quelque sorte un gigantesque entrepôt, on y exportait l'or, les épices, les pierres précieuses, les tissus, la soie et l'ivoire qui se vendaient à des prix fabuleux sur les marchés européens. Albuquerque avait établi le siège de sa puissance à Ormutz, c'est là, du fond de son palais luxueux, qu'il gouvernait les Indes après les avoir conquises et organisées; il fit d'Ormutz la ville la plus importante du pays, et son éclat devint tel que les favorisés de la fortune venaient y dépenser avec leur temps leur richesses et souvent aussi leur santé, car si les arts y étaient en grand honneur, la débauche et la prostitution y occupaient également, hélas! une place trop importante.

Mais malheureusement pour le Vice-Roi des Indes, l'intrigue, cette lèpre des cours, épluchait, attaquait le moindre de ses actes ; Emmanuel, y laissa prêter une oreille facile, et céda, devant la jalousie de quelques courtisans envieux. Albuquerque fut rappelé en Europe, et comme le célèbre navigateur génois, expira dans la disgrâce en 1515 à Goa, regretté des peuples asiatiques dont malgré quelques abus il avait su s'allier la sympathie et l'amitié. Ce fut à lui que les Portugais durent la création de cette singulière puissance qui, même après la chûte de son fondateur, laissa dans l'Inde des souvenirs ineffaçables qui en faisaient sa principale force et sa plus grande puissance. Emmanuel, qui trop tard avait reconnu son aveuglement, honora la mémoire de ce serviteur dévoué de ses regrets, inutiles il est vrai, mais qui mieux que le plus beau des panégyriques, accrurent davantage la gloire du héros portugais. Lopez Soarès fut envoyé en Asie pour y remplacer Albuquerque ; ses successeurs et lui surent continuer et agrandir une œuvre si bien commencée et qui, jusqu'à son dernier souffle, fut le principal souci et la seule préoccupation de son auteur.

Le règne d'Emmanuel ne fut vraiment remarquable que par ses découvertes, par l'établissement de comptoirs et la fondation de colonies que le Portugal était parvenu à élever dans les contrées lointaines ; ses possessions d'Asie, d'Afrique et d'Amérique étaient divisées en quatre vice-royautés :

1° l'Inde, qui depuis l'Ile de Ceylan s'étendait jusqu'au cap Guardafui ; 2° le Monomotapa qui s'étendait le long du littoral africain ; 3° le Malacca qui depuis le Pègne s'étendait jusqu'aux frontières chinoises, et 4° enfin, le Brésil, qui occupait une énorme superficie au centre de l'Amérique.

A partir de 1495, les navigateurs portugais achevèrent les découvertes faites précédemment : Vasco de Gama, en 1497, doubla le cap de Bonne-Espérance, reconnaît les côtes Orientales de l'Ethiopie, ou l'empereur, converti depuis longtemps déjà à la religion catholique, l'avertit des intentions malveillantes des Musulmans qui avaient juré le massacre de l'expédition portugaise. C'est cette fameuse expédition de Vasco de Gama, que Camoëns (1) a illustrée dans ses magnifiques poëmes épiques. Emmanuel mourut en 1521, en ayant la consolation de voir la richesse et la puissance de son peuple s'accroître chaque jour davantage, il laissa le trône à son fils Jean III, qu'il avait eu de Marie de Castille. Sous le règne de ce prince, les exploits des navigateurs se poursuivirent avec succès, mais tandis que la fortune souriait aux portugais dans les continents étrangers, la calamité s'abattait sur le royaume, un tremblement de terre détruisit un grand nombre de villes et engloutit plus de 30.000 personnes, à Lisbonne seul, 1.500 maisons furent renversées et presque

(1) Camoëns, célèbre poëte portugais, dont la statue orne une des places de Lisbonne.

toutes les églises furent abattues, ce cataclysme dura plus de huit jours, la mer affolée, engloutissait dans les abîmes sans fond de ses vagues homicides les navires surpris par cette tourmente effroyable, depuis la galère superbement décorée chargée des produits exotiques les plus riches jusqu'à l'humble nacelle du pêcheur, reconduisant au rivage le produit de son travail, tout succombait, tout s'anéantissait dans cet ouragan qui semblait se déchaîner à plaisir sur cette partie de la péninsule (1512). Le Portugal, épouvanté, n'était pourtant pas encore au bout de ses souffrances, la colère divine s'était appesantie sur ce royaume jusqu'alors si favorisé et si prospère. Une vingtaine d'années après ces désastres, un second tremblement de terre fit crouler les édifices nouvellement construits et comme l'annonce d'une époque qui allait voir couler tant de sang, une pluie sanguinolente , formée de champignons rouges microscopiques, s'abattit sur tout le territoire, viciant les cours d'eau, corrompant l'air de miasmes nauséabondes et, triste conséquence, une épidémie terrible éclata bientôt, la mort, frappant à tort et à travers les populations éprouvées, acheva l'œuvre de destruction qu'avait si lugubrement commencée la furie des éléments ; mais

« Celui qui met un frein à la fureur des flots »

s'émut enfin de tant de désastres et, après quelques mois d'une trop longue existence, l'horrible fléau qui avait semé la mort, la terreur et la désolation dans toutes les familles, se lassa enfin et abandonna la Péninsule pour aller transporter ailleurs son souffle pestilentiel, emmenant avec lui ses lugubres compagnons : le désespoir et la misère.

CHAPITRE III

L'INQUISITION AU PORTUGAL

« Si votre propre frère, votre fille, votre
» femme entre vos bras ou l'ami de votre
» cœur veut vous persuader et vient vous dire
» en secret : Allons, servons les dieux étrangers
» qui vous sont inconnus comme ils l'ont été
» à vos pères, ne vous laissez point aller à ses
» discours, n'y prêtez point l'oreille ; votre œil
» ne l'épargnera point, vous n'en aurez point
» compassion et vous ne couvrirez point
» l'affaire, mais vous le ferez mourir en le
» dénonçant au juge qui le condamnera sur
» la déposition de deux ou trois témoins :
» votre main sera d'abord sur lui pour le faire
» mourir, ensuite la main de tout le peuple. »

(DEUTERON, XVII, 7).

L'“ *Inquisition* ” ! Que de choses rappellent ces dix lettres, combien de discours, d'histoires, de romans, de racontars de toutes sortes n'a-t-on pas brodés sur ce seul mot : l'*Inquisition !*, et chacun, selon ses opinions personnelles, s'empresse de déclarer pompeusement l'authenticité des récits qu'il avance, la sincérité des faits qu'il rapporte ; quel sombre tableau n'a-t-on pas fait de cette institution, qui, au Moyen-Age, était chargée de rétablir et de maintenir la paix et la tranquillité, que les querelles de religion ne cessaient de troubler ? Quelles armes les incrédules n'ont-ils pas cherchées dans cette époque, s'efforçant d'éloigner les peuples de l'Eglise par la représentation exagérée de cruautés qui n'ont jamais existé, que dans l'imagination et la malignité d'inventeurs athées ? Que d'écrits, de livres, de tableaux ont été créés, se répandant dans le monde sous les couleurs les plus sinistres, et de nos jours ne voit-on pas encore, sur les champs de foire, ressortant lugubrement au milieu des baraques joyeuses environnantes, des sortes de musées où l'on représente des moines le visage voilé, les manches retroussées, les pieds nus dans le sang, les yeux étincelants à travers les trous de leur sombre cagoule, faisant brûler à petit feu des victimes aux traits contractés, arrachant avec de gigantesques tenailles de fer les seins à des femmes déjà affaiblies par les souffrances et les privations, tuant, égorgeant, noyant, se plaisant dans le sang et les tortures les plus raffinées, tristes souvenirs des temps jadis, auxquels le peuple aveugle accorde, hélas trop vite, une bonne foi ridicule !

Que des excès aient été commis, on est forcé d'en convenir, mais il est un fait certain qu'ils ont été rapportés avec exagération, dans un but politique et anti-religieux quelconque ; certains auteurs, moins exaltés peut-être, ont été jusqu'à prétendre que l'institution de ce tribunal était tout à fait contraire à la magnanimité des lois de Dieu et de l'Eglise ; notre but à nous étant purement et simplement historique, nous nous bornerons à rapporter les faits et quelquefois même les raisonnements de certains personnages, en n'y accordant que la foi toute personnelle qu'ils méritent, en nous abstenant de tout commentaire soit favorable soit défavorable à l'une ou à l'autre religion, à l'un ou à l'autre parti.

D'abord, où faut-il rechercher la cause première, la source principale qui a fait agir les inquisiteurs et les fondateurs de cette institution ?.. Certes, nous surprendrons, nous scandaliserons peut-être même bien des gens, mais n'est-ce pas dans le texte même d'un livre sacré que l'on rencontre l'origine première de ce genre de châtiment ?.... Laissons pour quelques instants la parole au livre sacré du Deuteron : « *Si dans* » *quelqu'une de nos villes que l'Éternel, votre* » *Dieu vous donnera pour habiter, vous entendez* » *dire à quelqu'un : Des enfants de Balial sont* » *sortis du milieu de vous et ont perverti les* » *habitants de leur ville en disant : Allons* » *et servons les dieux étrangers qui vous sont* » *inconnus, vous ferez une inquisition, une* » *recherche, une information bien exacte, et si* » *vous trouvez que l'avis est vrai et certain, et* » *que cette abomination a été commise effective-* » *ment, vous passerez au fil de l'épée les habitants* » *de cette ville, et tout ce qui est en elle, jus-* » *qu'aux animaux. Vous en amasserez toutes les* » *dépouilles au milieu de la rue, et vous les brû-* » *lerez avec la ville, consumant le tout en l'hon-* » *neur de l'Éternel, votre Dieu, de manière que*

» *cette ville soit un monceau de ruines à toujours*
» *et qu'elle ne soit jamais rebâtie. Il ne demeurera*
» *rien dans vos mains de cet anathème, afin que*
» *l'Éternel, votre Dieu, apaise sa colère, qu'il*
» *ait pitié de vous et qu'il vous multiplie, comme*
» *il l'a juré à vos pères, tant que vous écouterez*
» *sa voix et que vous observerez toutes ses*
» *ordonnances* (*) ».

N'est-ce pas là une loi bien précise de dénonciation, d'inquisition et de châtiment contre les individus, contre les peuples même qui voudraient attirer leurs compatriotes à adorer des dieux de de marbre, de bois ou de métaux? Dieu n'a-t-il pas condamné aux châtiments les Israélites qui, en face du Sinaï, avaient brûlé leur encens au veau d'or, rendant à cette masse inerte de métal le culte sacré ?.... Jérusalem est détruite de fond en comble, les habitants sont passés au fil de l'épée, le temple est incendié et le reste de la population, qui était parvenu à se dérober au fer homicide du vainqueur ou à l'épidémie, est honteusement traîné en exil pour y endurer, an milieu de privations de toutes sortes, une pénitence de soixante-dix ans; le déluge, qui de ses eaux couvrit la terre, ensevelissant sous ses eaux impitoyables le genre humain tout entier; la destruction de Sodome et de Gomorrhe, qui, sous leurs ruines brûlantes, écrasent leurs habitants corrompus, ne sont-ce pas là les résultats d'une inquisition toute divine ?

(*) Deuteron, XIII.

D'ailleurs, l'inquisition ne se trouve-t-elle pas dans toute société, sous un nom ou sous un autre ? Dans la famille, le père n'est-il pas l'inquisiteur ? Sa surveillance s'exerce sur les enfants, les serviteurs, ceux en un mot qui sont sous ses ordres et qui dépendent de lui ; chacun fait-il son devoir, la surveillance sera moins tendue, moins rigide ; remarque-t-il quelque chose de suspect, son œil est partout, un regard, un simple geste, un entretien familier avertit le coupable ; le coupable ne se corrigeant pas à cette admonition, la correction s'aggrave ; le fils est-il absolument incorrigible, la loi ne lui accorde-t-il pas le droit d'abandonner le rebelle impénitent au bras de la vindicte publique ; l'institution des maisons pénitentiaires, des maisons de correction, n'est-elle pas un résultat de cette inquisition domestique, qui naturellement règne dans chaque famille, à quelque rang de la société qu'elle puisse appartenir ? Les gouvernements, quel que soit leur système, n'ont-ils pas eu et n'ont-ils pas encore, de nos jours, leur inquisition ? Dans l'antique république romaine, le censeur remplissait le rôle, si lugubrement interprété aujourd'hui, de grand inquisiteur ; dans les gouvernements modernes, le ministre de la justice, avec sa sûreté, ses commissaires et ses gendarmes, n'est-il pas l'inquisiteur qui s'initie jusqu'aux détails les plus intimes de la société, scrutant même souvent jusqu'au sein même des familles, afin de procurer à chacun la tranquillité si nécessaire au bonheur et à la prospérité d'un peuple !....

Les rigueurs de l'Inquisition ont été certainement trop souvent violentes, mais nous les considérons à une époque où la civilisation est en quelque sorte arrivée à son apogée, les peuples moins raffinés du moyen-âge, plus hautains dans leurs actes, plus fanatiques dans leurs croyances, moins philanthropiques dans leurs châtiments, y allaient plus rudement que de nos jours, en voici, d'ailleurs, quelques exemples : Aux termes du Code pénal de Charles-Quint, édité en 1532, le blasphème contre Dieu et la Vierge était puni de la peine capitale ; la sodomie, de la peine du feu, la magie, du dernier supplice (comme on le voit, c'était la justice civile qui, seule, s'arrogeait le droit de rechercher et de punir les crimes contre la religion, l'Inquisition n'a donc été qu'une continuation de ce qui existait précédemment) ; les crimes contre la société était punis de la même rigueur : le faux monnayeur ou celui qui s'était servi sciemment de fausse monnaie devait être brûlé ; le falsificateur des poids et mesures était déchiré à coups de verges et dans certains cas plus graves mis à mort (de nos jours, au contraire, à peine lui inflige-t-on quelques jours de prison) ; le vol avec effraction était puni de la corde ou bien le coupable avait les yeux crevés, les mains coupées, etc..... Ne sont-ce pas là des supplices tout aussi cruels si pas plus, que ceux dont on a chargé à plaisir le saint-office, et pourtant nul n'en parle, personne ne traite

Charles-Quint de cruel, d'infâme, de sanguinaire, c'est au clergé seul, à l'église catholique toute entière que l'on reproche cette gigantesque tâche de sang dans l'histoire des peuples ! Ce n'est pas seulement chez les peuples de l'Orient que l'on agissait aussi énergiquement, les Codes de Saxe et de Souabe condamnaient l'hérétique à être brûlé sur le bûcher s'il s'obstinait à rester rebelle aux exhortations du clergé et le tribunal religieux constitué à cet effet l'ayant jugé tel. L'empereur Frédéric II, dès son avènement au trône, décréta que les spéronistes seraient frappés d'infâmie, et il institua, dans son propre pays, des tribunaux chargés de "*poursuivre ces vipères*", car c'était d'après lui, causer du préjudice à la société que de les laisser sur la terre . . . .

. . . .

. . . .

Le Portugal, comme la péninsule hispanique tout entière d'ailleurs, a reçu de l'Inquisition depuis ses débuts, c'est-à-dire depuis 1526, une teinte particulière la distinguant parmi toutes les autres nations; si nous devons en croire un historien protestant, l'institution de l'Inquisition en Espagne fut purement royale et non pas papale, le même auteur observe même que l'Inquisition ecclésiastique n'avait rencontré aucun obstacle dans l'Aragon, contrée cependant si châtouilleuse sur ses libertés et franchises. L'Inquisition dans la Péninsule étant une institution royale et non point ecclésiastique, s'il y eut des abus, l'église n'en est nullement responsable et on ne peut lui en faire un grief, car c'est en croyant assurer la foi, l'union, la tranquillité et le bonheur de leurs peuples que Ferdinand et Isabelle établirent l'Inquisition royale d'Espagne.

Tandis qu'en Allemagne, en France, en Belgique et dans les Pays-Bas, les partisans de Luther et de Calvin propageaient leur doctrine l'épée d'une main, la bible de l'autre, terrorissant les populations afin de leur faire accepter leur doctrine, volant, pillant, saccageant tout sur leur passage, mettant impitoyablement à mort ceux assez hardis pour repousser leurs fanatiques préceptes, les gouvernements épouvantés avaient constitué des tribunaux qui devaient enfin mettre un terme à cet état de choses, et rendre aux campagnes terrifiées la tranquillité que les insurrections des protestants n'avaient déjà que trop inquiétées. Si dans le restant de l'Europe l'Inquisition fut constituée par suite des excès et des abus résultant des prédications du moine parjure, dans la péninsule hispanique un système à peu près semblable existait déjà depuis plusieurs années. Toutefois l'origine de l'Inquisition dans l'Ibérie varie souvent selon les auteurs qui l'ont rapportée; nous nous bornerons donc à en citer les deux principales, nous abstenant toutefois de tout commentaire : selon les uns, l'Inquisition fut introduite dans le Languedoc, en 1208, afin de rechercher les Albigeois qui étaient parvenus à échapper aux exterminations du comte de Montfort et qui persévérant dans leur fanatisme brutal mettaient impitoyablement à mort les fidèles assez osés et assez croyants pour ne pas abjurer la religion qu'ils avaient reçue de leurs ancêtres; comme aucune barrière ne semblait devoir s'opposer aux incursions des hérétiques, leur nombre ne fit que s'accroître d'une foule de gens sans aveu, assez heureux de renier Dieu dont ils n'avaient, du reste, eu la moindre notion et qui ne voyaient, dans cette religion nouvelle, qu'un moyen bien puissant pour arriver à leur but : se garnir la "*basoche*" et favoriser ainsi la débauche qui constituait toute leur existence en tant que les ducats ne rencontrassent point le fond de leur gousset. Pour détruire le mal, il fallait arriver à extraire la racine ; à cet effet, un tribunal fut constitué et chargé de rechercher et d'arrêter les hérétiques, instigateurs de tous ces troubles. Se sentant harceler, les Albigeois s'empressèrent de quitter le Languedoc et de transporter ailleurs leur criminelle prédication, mais les autres états de la chrétienté se hatèrent de suivre l'exemple donné par la principauté française, et bientôt l'Inquisition prit le caractère d'une institution permanente. En 1233, la Navarre, la Castille, l'Aragon et le Portugal, suivirent la route tracée par les autres royaumes, et les Albigeois virent leurs rangs s'éclaircirent et leurs plus vaillants adeptes disparaître, frappés par une justice impitoyable qui venait les relancer jusque dans les moindres repaires, exterminant sans grâce ni merci les promoteurs des crimes qui, durant si longtemps, avaient répandu, à tort ou à raison, la terreur dans le Continent.

Toutefois, un tribunal aussi vindicatif dans sa colère, aussi expéditif dans ses châtiments, devait répugner aux représentants d'une religion de pardon, de miséricorde et de paix ; les évêques s'efforcèrent, avec l'appui de la magistrature, à entraver l'action d'une justice si sommaire, cherchant, par la persuasion, à gagner les brebis égarées, tout en faisant comprendre aux justiciers combien leur manière de faire était peu en rapport avec la mansuétude dont parle le Christ dans son Évangile. Mais, durant trop longtemps, les habitants avaient eu à souffrir des vexations des réformés, leur colère déchaînée maintenant ne connaissait plus de bornes et si le sacré tribunal n'occupait encore dans la Péninsule qu'un rôle secondaire, il n'en continuait pas moins son œuvre de justice, s'efforçant, malgré les évêques, à recevoir le plus de sanctions royales à leur verdict, en attendant qu'un prince plus énergique ou plus cruel leur donna une autorité pleine et entière. Leur attente ne devait pas être longue; en montant sur le trône, Ferdinand, poussé par son épouse Isabelle, accorda au tribunal de l'Inquisition cette puissance qu'il cherchait à acquérir depuis si longtemps, ce qui lui fournit enfin l'occasion de saisir la première place dans l'Etat.

D'après une autre version, les Juifs répudiés, repoussés même par un grand nombre de puissances, étaient venus s'établir en foule dans la péninsule hispanique attirés qu'ils étaient par l'opulente quiétude où vivaient les débris des peuplades musulmanes; le nombre de ces races étrangères ne fit que s'accroître davantage et grâce à leurs intrigues et à leurs richesses considérables, ils acquérirent bientôt dans la Péninsule une certaine autorité. Grâce aux embarras d'argent continuels où vivaient un grand nombre de seigneurs, qui n'hésitaient pas à s'adresser à la bourse des infidèles pour redorer leur blason terni, s'engageant souvent non seulement à leur payer des intérêts exhorbitants, mais encore à accepter en alliance des membres de leur famille et ces unions de races, de religions différentes entraînaient un relâchement de mœurs, un genre de vie particulier dont l'Église ne tarda pas à s'inquiéter. Les prélats résolurent donc de s'opposer à ces unions, à ce contact qui, selon eux, aurait rompu au bout de quelque temps l'unité de la foi qui existait dans la Péninsule. En présence de cette décision du clergé et afin de ne pas perdre leurs biens, un grand nombre de maures et de juifs se convertirent au christianisme, croyant pouvoir éloigner ainsi tout soupçon de la part du tribunal de l'Inquisition; mais l'assemblée des Cortès, tenu à Tolède, se décida à déterminer la situation politique des maures, des juifs et des *nouveaux convertis* ou *Christiam novos*. Deux inquisiteurs furent particulièrement chargés de surveiller le genre et la manière d'existence et vérifier l'exactitude et la valeur des faits reprochés aux néo-catholiques, ainsi que les rapports qu'ils pouvaient en secret entretenir avec leurs anciens corréligionnaires.

Cependant, petit à petit, le tribunal de l'Inquisition tomba dans un excès déplorable et, sous prétexte de raffermir la foi et d'entretenir l'unité de l'Église, les inquisiteurs élevèrent leur autorité au-dessus de celle des Écritures en faisant de l'Evangile, par une interprétation fausse et forcée, un véritable code de torture, changeant ainsi une religion toute de bonté et de mansuétude en une religion exécrée, abominable, que l'on ne pratiquait plus que par crainte des châtiments et des tortures. Le premier tribunal chargé de surveiller de la sorte les agissements et la conduite tant privée que publique de ceux que l'on soupçonnait être les adversaires du catholicisme, fut fondé à Madrid. Peu de temps après, Lisbonne en fut également dotée, Goa, Lima et plusieurs autres villes de la péninsule, créèrent successivement à leur tour dans leurs murs cette institution justicière.

Telle est la version généralement adoptée et développée par un grand nombre d'auteurs; s'il faut en croire Rohrbacker, la véritable origine de l'Inquisition remonterait à 1383(*). Le cardinal Gonzalès de Mendoza, en mourant, désigna pour

(*) *Histoire universelle de l'Église*, par Rohrbacker.

successeur au siège de Tolède, un moine franciscain, François Ximénès de Cisneros, qui avait su captiver non seulement la confiance, mais encore l'amitié de Ferdinand et d'Isabelle, auxquels il devait rendre bientôt d'éminents services. Voici, d'après l'auteur de l'*Histoire de l'Église*, de quelle manière s'établit cette amicale liaison entre l'humble religieux et ces illustres souverains :

» *Le royaume de Grenade, nouvellement* » *conquis par les armes de Ferdinand, n'était* » *pas encore converti à la foi chrétienne! Dans* » *la capitale même du royaume, il y avait plus* » *de 200.000 Mahométans; des ferments de* » *révolte se manifestaient parmi eux. Sur le* » *conseil de Ximénès, le roi et la reine allèrent* » *s'y établir avec une cour nombreuse. La reine* » *logeait à l'Alhambra, palais magnifiqre des* » *rois maures et en même temps citadelle formi-* » *dable qui dominait toute la ville. La garnison* » *fut augmentée sans que le peuple s'en douta.* » *Tout à coup, les morabites et les alfaquis,* » *lesquels sont parmi les mahométans ce que sont* » *les prêtres et les moines parmi les chrétiens,* » *reçoivent l'ordre de se rendre à la cour. Admis* » *à l'audience, Ferdinand leur dit en peu de mots* » *qu'ils les a mandés pour des affaires impor-* » *tantes dont l'archevêque de Tolède les infor-* » *merait plus amplement. Ximénès leur apprend* » *qu'il sait toute la conspiration pour soulever le* » *peuple, particulièrement dans les montagnes.*

» *Plusieurs d'entre eux y sont trempés direc-*
» *tement, les autres également pour ne pas*
» *l'avoir révélée à leurs majestés catholiques,*
» *tous avaient mérité la mort. Néanmoins,*
» *leurs majestés veulent bien encore leur par-*
» *donner, mais à une condition : c'est de ne*
» *rien épargner pour porter leurs compatriotes*
» *à embrasser la religion chrétienne et de leur*
» *en donner les premiers exemples* (*).

Les Morabites et les Alfaquis consternés de se voir ainsi découverts, essayèrent d'abord de protester de leur innocence, mais en présence de preuves accablantes, de témoins dignes de foi, ils dûrent avouer que, depuis plusieurs années déjà, ils cherchaient à anéantir le règne de princes étrangers et ennemis de leur religion ; ils finirent par promettre ce qu'on exigeait d'eux, et quittèrent l'Alhambra chargés de présents et de cadeaux superbes, dont la magnificence de Ferdinand et d'Isabelle les avait largement dotés. Les prédications de Ximénès, l'exemple des Morabites convertis emmena bientôt aux fonts baptismaux une foule considérable d'infidèles ; le succès fut prodigieux et dépassa même toute espérance ; les Alfaquis et les Morabites se montrèrent fidèles à leurs promesses, de leur côté, les princes régnants gratifièrent tous ces nouveaux chrétiens des emplois, des charges et des pensions alors vacantes dans le royaume ; tout marchait donc à merveille,

(*) *Histoire universelle de l'Église,* t. IX.

la persuasion et la bonté avaient une fois de plus remporté plus de victoires que la trahison et la violence. Ferdinand et Isabelle, tranquillisés, crurent pouvoir retourner à Séville, mais ils avaient trop présumé de cette soumission, de cette tranquillité factice ; les Mahométans, plus acharnés, qui voyaient d'un mauvais œil l'énergie et l'habileté des gouvernants, s'étaient prudemment dissimulés, continuant dans l'ombre à semer le levain de la révolte ; encore fort nombreux, ils pouvaient aisément, pensaient-ils, culbuter les troupes casernées dans la ville, et qui auraient été impuissantes à résister à leurs rangs exaltés. Aussitôt que le roi et la reine eurent quitté Grenade, la population musulmane sortit insensiblement du mutisme où elle s'était plongee depuis la décision prise par Ximénès ; des insultes à l'adresse des nouveaux chrétiens furent adressées publiquement, quelques attentats furent même dirigés contre la demeure de certains d'entre eux qui s'étaient montrés plus ardents à embrasser la foi catholique, et à y entraîner leurs anciens coreligionnaires. En présence de ce commencement de révolte, ne perdant rien de son admirable sang-froid, Ximénès fit afficher dans les principales avenues et annoncer à son de trompe que tous ceux qui auraient assisté aux réunions et auraient parlé en termes malveillants de la religion, ou par parole ou par geste auraient offensé ceux qui l'avaient embrassée, auraient à subir une peine corporelle plus ou moins grave, selon le cas. Une sorte de tribunal fut donc constitué à cet effet, et ce fut ce tribunal qui plus tard devait se développer, prendre une extension formidable non-seulement en Espagne, mais encore en Portugal, pour s'étendre de là dans le restant de l'Europe.

Le Cardinal ne se contenta pas de donner ce simple avertissement; il fit arrêter Légri, prince fameux, descendant d'Aben-Hamer, roi de Grenade, et célèbre dans les fastes de sa nation; Ximénès parvint à le convertir au christianisme, et rencontra bientôt en lui un associé envieux de conquérir à sa nouvelle religion le plus grand nombre de partisans. Enhardi par cet heureux résultat, le confident d'Albert et d'Isabelle fit réunir sur la place principale de Grenade, de grandes piles de bois de cèdre, auxquelles il fit mettre le feu, et dans ce gigantesque bucher donne l'ordre de jeter cinq mille alcorans (1) qu'il s'était fait remettre par les nouveaux chrétiens ou qu'il était parvenu à faire saisir par ses acolytes. Cet acte rendu public n'avait fait qu'accroître davantage la sourde colère des sectaires de Mahomet, qui, quoique nombreux, préférèrent encore comprimer leur dépit, espérant se saisir d'une occasion favorable pour faire éclater leur ressentiment et leur haine. Cette occasion, tant désirée, ne devait pas tarder à se présenter.

Aux confins nord de Grenade existait une sorte de faubourg du nom d'Al-Hargin, tout-à-fait

(1) *Alcorans*, sorte de bible renfermant les textes du Coran ou préceptes de Mahomet.

indépendant de la ville elle-même, et séparé de celle-ci par un large fossé et des remparts très élevés, là s'était réfugié un ramassis de toutes sortes d'individus sans aveu, les juifs y occupaient plusieurs rues y exerçant des trafics inavouables, mais les maures représentaient l'élément le plus puissant de cette population turbulente. Un jour (1499), un valet du cardinal s'y étant rendu avec deux estafiers, fut rencontré par certains maures avec lesquels il avait eu maille à partir jadis, ceux-ci, se sachant dans un milieu qui leur était favorable sous tous rapports, les injurièrent, les Espagnols ripostèrent, des injures on en vînt aux coups et finalement les deux estaffiers tombèrent la poitrine trouée par le poignard des musulmans, tandis que le domestique de Ximénès parvenait à grand peine à s'échapper des mains de la population exaltée qui s'était amassée prenant fait et cause pour leurs correligionaires. Comme une traînée de poudre, le soulèvement se propage, le faubourg tout entier court aux armes, les Al-Haizins se jettent dans la ville aux cris de "*Mahomet*"! la ville ne tarde pas à suivre cet exemple et bientôt plus de 190,000 révoltés parcourent Grenade en tout sens, incendiant les maisons, brisant, saccageant tout sur leur passage, frappant aveuglement les hommes et les enfants, les chrétiens et les Mahométans, Ximénès, lui-même assailli dans son palais, ne doit son salut qu'au sang-froid et au courage de Zégri, cependant on ne lui laissa la vie qu'à la condition que l'archevêque implorerait pour eux la clémence du roi et de la reine. Fidèle à sa promesse, Ximénès n'eût pas de peine à obtenir des souverains ce pardon qu'on réclamait de sa puissante intercession ; cependant les habitants de l'Al-Haizin, les promoteurs de la sédition, furent laissés à sa juste merci, l'archevêque aussitôt fit mander chez lui les principaux mahométans, et leur pardonna au nom de leurs majestés catholiques mais à condition que tous les habitants du quartier insurgé, sans en excepter un seul, embrasseraient la religion chrétienne. Les chefs et tout le peuple qui, en voyant les canons de l'Alhambra braqués de leur côté, s'attendaient aux dernières extrémités, acceptèrent cette magnanime condition avec une joie facile à comprendre, et tout l'Al-Haizin se convertit au christianisme, le reste des Mahométans de la ville, surpris de tant de grandeur et de magnanimité, voulurent, à leur tour, embrasser une religion aussi sublime, et comme Ximénès l'avait promis à Ferdinand et à Isabelle la ville de Grenade toute entière se convertit au catholicisme sans que l'on fut obligé de recourir à la violence.

Les juifs, aussi nombreux en Espagne que les Maures, s'étaient également convertis au christianisme, apparemment du moins, car un grand nombre judaïsait en secret. La reine Isabelle, en ayant eu connaissance, fit instituer un tribunal chargé de couper le mal dans sa racine et de punir sévèrement ceux qui seraient reconnus parjures à leurs serments, le pape Sixte IV donna son approbation à cette institution qu'il considérait comme salutaire au bonheur et à la tranquillité de la Péninsule. Outre des juges civils, deux Dominicains furent choisis et prirent le nom de « *Juges de la Foi* » ; plus tard, l'on nomma un premier Inquisiteur-Général, qui avait en quelque sorte la présidence de ce tribunal justicier. Le premier grand inquisiteur fut Thomas de Tunecremata (*) ; mais son élection, dès le début, rencontra une résistance assez opiniâtre de la part du Saint-Siège, qui céda enfin dans sa bulle de l'an 1383. Sixte IV étant venu à mourir, son successeur, Innocent VIII sanctionna et valida une seconde fois le choix des grands d'Espagne et confirma Tunecremata dans sa dignité (1485), dans cette même bulle le Pape décréta que dorénavant les inquisiteurs seraient docteurs en théologie ou en droit, il leur serait permis de perçevoir les revenus de leur office précédent, mais ils ne pourraient point procéder dans leurs affaires sans d'abord en avertir les évêques.

Torquemada ! combien, chez beaucoup de personnes imbues des romans et des histoires contemporaines, ce mot, pour eux synonyme de cruauté et de fanatisme, résonne lugubrement à leurs oreilles ; quel sombre portrait n'a-t-on déjà pas fait de cet homme, dont disait le célèbre

(*) Thomas de Tunecremata ou Torquemada ne doit pas être confondu avec le cardinal de Torquemada, son oncle.

Fléchier : « *Ce bon religieux leur représentait à*
» *l'un et à l'autre (Ferdinand et Isabelle) que la*
» *licence des mœurs et le libertinage croissaient*
» *tous les jours ; que le mélange des chrétiens*
» *avec les juifs et les sarrazins pervertissait la*
» *foi et la piété des peuples, qu'il était nécessaire*
» *de faire une exacte recherche des erreurs et*
» *des impiétés du temps et de remettre la disci-*
» *pline dans sa rigueur, que les évêques, à qui*
» *par le droit ancien cette censure appartenait,*
» *ne procédaient que par voie d'anathêmes et de*
» *punitions spirituelles ; que pour arrêter des*
» *dérèglements extrêmes, il fallait des remèdes*
» *plus sensibles, et que la plus grande et la plus*
» *importante de toutes les affaires qui est celle*
» *de Dieu et de la religion, demandait un*
» *tribunal particulier plus souverain et plus*
» *sévère que les autres (*).* Torquemada, nommé Inquisiteur-Général, s'empressa de rédiger aussitôt une sorte de code afin que ses sous-ordres puissent tous agir dans un même esprit ou de conciliation ou de sévérité selon le cas et le milieu où s'obstinait à demeurer le coupable. Cette loi fut solennellement sanctionnée et reçut l'approbation royale dans une assemblée générale tenue à Séville, le 20 novembre 1484. Des résultats assez satisfaisants furent obtenus, grâce à l'application de ce règlement. Voici, d'ailleurs, ce qu'en dit l'écrivain Mariana :

(*) Fléchier : *Histoire de Ximénès.*

« *En Espagne, les choses changèrent complè-*
» *tement dès que le tribunal de l'Inquisition y*
» *fut établie, et que les magistrats, prenant en*
» *main l'autorité, jusqu'alors fort affaiblie,*
» *commencèrent à s'en servir pour châtier les*
» *coupables, réprimer le vice, arrêter les brigan-*
» *dages, punir les meurtres et châtier les mé-*
» *chants. Une nouvelle lumière se répandit sur*
» *l'Espagne et ces forces devinrent capables*
» *d'abattre la puissance des Maures et leur*
» *orgueil.* » (*).

Enfin, pour terminer cette parenthèse un peu longue sur l'Inquisition dans la Péninsule, nous tenons à mettre sous les yeux de nos lecteurs, la copie d'un jugement de l'Inquisition, sentence qui peut être considérée comme l'une des plus sévères :

« *Nous avons déclaré et déclarons l'accusé*
» (noms et prénoms), *convaincu d'être hérétique,*
» *apostat, fauteur et récéleur d'hérétiques, faux*
» *et simulé, confessant et impénitent, relaps;*
» *pour lesquels crimes il a encouru les peines de*
» *l'excommunication majeure et de la confisca-*
» *tion de tous ses biens au profit de la Chambre*
» *royale et du fisc de Sa Majesté. Déclarons de*
» *plus que l'accusé doit être abandonné ainsi que*
» *nous l'abandonnons à la justice du bras sécu-*
» *lier, que nous prions et chargeons très*
» *affectueusement de la meilleure et de plus forte*
» *manière que nous le pourrons, d'en agir à*

(*) Mariana, auteur protestant, vol. I, p. 25.

» *l'égard du coupable avec bonté et commisé-*
» *ration*(1). En résumé, l'Inquisition de la péninsule constitue un tribunal non ecclésiastique et papal, mais purement et simplement politique et royal, ses membres dépendaient de la couronne aussi bien pour leur nomination que pour l'exécution de leurs sentences. Si nous devons en croire de Maistre (écrivain vraiment digne de foi), il était formé de conseillers clercs et de conseillers laïcs; parmi les conseillers clercs au nombre de huit, six étaient séculiers et deux réguliers, dont un seul Dominicain, privilège accordé à l'ordre de Saint-Dominique par Philippe VII; donc, dans chaque tribunal inquisitorial, il n'y avait jamais que deux religieux (2).

Un des griefs principaux que l'on ait fait à cette institution est l'application de la *question*, cette application barbare avait existé autrefois à Rome et à Athènes, deux villes pourtant qui dans l'histoire passent comme remarquables pour leur grande modération en droit judiciaire; tous les tribunaux en faisaient encore usage, c'était en quelque sorte entré dans les mœurs et, dans cette époque de demi-barbarie, on appliquait cet horrible supplice aussi facilement que de nos jours on fait enfermer un prévenu innocent ou coupable entre les quatre murs d'un cachot. Qu'il y ait eu

(1) *Lettre à un gentilhomme russe sur l'Inquisition*, par de Maistre.

(2) *Première Lettre*, par de Maistre.

des abus, abus de détail, nous sommes les premiers à en convenir, mais y a-t-il une seule institution humaine qui n'ait point eu ses torts? Définir exactement ce qui a pu se passer durant ces années serait chose presque impossible, car nous n'avons guère de cette époque que des déclamations où le fanatisme et la passion occupent la plus grande place, et nous n'avons pas et n'aurons sans doute jamais une histoire rapportant les faits avec clarté, conscience et précision.

Le lecteur nous pardonnera, nous aimons à le croire, la longueur avec laquelle nous nous sommes étendus sur ces différents faits, mais cela était en quelque sorte nécessaire à l'intelligence de cette histoire, car l'inquisition en Portugal y fut établie en 1526 sur les mêmes bases que celle de l'Espagne, toutefois, ce que l'on y trouve de particulier, c'est que les débuts n'en furent pas des plus légaux car Don Juan Perez de Saavedra y avait institué le saint-office grâce à une bulle qu'il avait fabriquée de ses mains et n'émanant nullement du Saint-Siège ; cette institution ne fut du reste sanctionnée que plusieurs années après, dans une bulle du Pape Paul III. Tant en Espagne qu'en Portugal, c'était aux Mahométans, aux Juifs, et principalement aux "*Christiam novos*" (de qui l'on avait le plus à craindre) que s'attaquait le Sacré-Tribunal, les harcelant, les traquant, les poursuivant jusque dans leur vie privée, dans les détails les plus intimes de leur existence, ne reculant devant rien afin d'assurer au peuple son bien-être et au pays sa tranquillité.

Jean III, fils d'Emmanuel et de Marie de Castille succéda à son père, prince pacifique, il eut certains égards et certains ménagements pour les ennemis de la religion catholique, à force de prières et de supplications, il obtint du Souverain Pontife un pardon général pour tous les Juifs, ce pardon fut accordé, mais les " nouveaux convertis " ayant été négligés dans la supplique royale, furent davantage harcelés et surveillés plus étroitement que jamais. En 1557, après la mort de son aïeul Joam ou Jean III, Sébastien Ier prit en main les rênes du gouvernement, les premières années de son règne furent pour le Portugal des années de prospérité et de bonheur, il semblait que l'éclat que le roi décédé avait su donner au trône, dût continuer à illuminer le règne de son successeur, mais hélas, l'ambition du nouveau roi devait renverser les promesses d'un règne qui s'annonçait sous d'aussi brillants auspices ; successivement Sébastien perdit l'élite de ses troupes dans une expédition qu'il avait organisée à la légère contre le Maroc ; son armée fut presque complètement anéantie sous le cimeterre des infidèles ; pour mettre le comble à ce désastre, quelques années plus tard, en 1578, eut lieu la bataille d'Alcaçarquibir, les troupes portugaises, déjà démoralisées, y furent taillées en pièces, Sébastien Ier lui-même y trouva la mort, trépas, il est vrai, digne d'un roi, car il mourut l'épée à la main, face à l'ennemi, frayant un passage à ses troupes. Sa mort fait oublier la légèreté de son gouvernement, car il mourut noblement dans les terres labourées d'Alcaçarquibir, entouré de l'élite de sa noblesse, montrant ainsi aux peuples et aux souverains comment savait mourir un roi et finir un héros (1578). Sébastien ne laissa en mourant aucun descendant mâle qui eut quelques droits à la couronne de Portugal. Le cardinal Henri, son oncle, posa sa candidature et se présenta pour lui succéder; vieux, infirme et débile, il ne pouvait jouir longtemps de cet honneur et de cette gloire auxquels, dans son orgueil, il aspirait depuis si longtemps, il mourut après deux ans de règne, laissant après lui un trône que des prétendants jaloux, envieux et inhabiles au grand art de gouverner se disputaient déjà lorsque le roi n'avait pas encore fermé les yeux; parmi les prétendants directs à la couronne du Portugal, nous ne remarquons que des femmes (les deux branches masculines de la maison Portugaise se trouvant éteintes), de droit la succession revenait à Dom Manoël, prédécesseur de Dom Sébastien; l'une d'elles, l'aînée, était Isabelle, mère de Philippe II; la seconde s'appelait Béatrix et avait épousé un duc de Savoie. Dom Antonio, frère naturel des deux princesses, s'arrogant certains droits de sang, osa, lui aussi, prétendre à la régence, se saisissant de la couronne malgré l'opposition d'un grand nombre d'adversaires, il se fit reconnaître d'une partie de la nation. Ce fut alors que Philippe d'Espagne, profitant des troubles qui agitaient le royaume, et invoquant les droits qu'il tenait de sa mère d'après l'ordre de primogéniture, envoya ses troupes sous le commandement du duc d'Albe, et ce que Philippe avait craint de ne pouvoir obtenir par la persuation, il l'obtint par l'épée de son général et les soixante mille mousquets de ses soldats, qui, en quelques jours, soumirent le royaume tout entier ainsi que les colonies que le Portugal s'était créées sur le continent; on était alors en l'an de grâce 1580. C'est ainsi que s'écroula la monarchie portugaise et qu'advint la chute de la maison d'Avis ; de 1580 à 1640, cette nation dont les faits d'armes vraiment remarquables et les héros si illustres avaient si bien su inspirer les poèmes épiques de Camoëns, dut se soumettre au joug de l'Espagne, se river à ses destinées et aux moindres caprices de ses rois.

Maître de la Péninsule toute entière, Philippe s'empressa d'équiper une flotte nombreuse et formidable à la tête de laquelle il voulait aller châtier les Anglais qui ne cessaient d'exciter les révoltés des Pays-Bas, sa flotte armée de plus de 2500 canons, ayant un équipage de près de 8000 matelots devaient débarquer sur les côtes de la Grande-Bretagne une armée forte de 30.000 hommes, le commandement de cette expédition fut confié au duc de Medina Cœli et la flotte reçut le nom présomptueux de " l'Invincible Armada ", mais fragilité des choses humaines, les navires espagnols avaient à peine pris la mer, qu'une violente tempête s'éleva, plusieurs navires dématés s'en allèrent à la dérive se perdre dans l'immensité de l'Océan, tandis que d'autres s'engloutirent dans

.es flots déchaînés, entraînant au plus profond des mers, un trésor de plusieurs millions de galions; Quelques navires de minime importance parvenus cependant à échapper à la furie des éléments, regagnèrent piteusement les ports espagnols, expliquant suffisamment avec leur carène crevée, leurs mâts brisés, leurs voiles déchirés et leurs cordages pendants, l'étrange "invincibilité" de la flotte catholique. Furieux de cet échec, Philippe tourna ses regards vers la France, mais battu en 1595 par Henri IV à la bataille de Fontaine-Française, il s'en retourna dans ses états, exaspéré de voir ses projets avorter aussi misérablement ; son état déjà maladif empira à la suite de ces échecs successifs, quelques jours après son retour de France, il dut s'aliter et mourut quatre mois environ après la signature du traité qu'il avait été obligé de signer avec le roi de France, son ennemi.

L'Espagne, qui durant ces derniers temps était arrivée en quelque sorte à l'apogée de sa gloire, avait commandé à l'Europe toute entière par la valeur de ses épées et s'était fait remarquer parmi tous les autres peuples par ses richesses, ne conservait plus que quelques débris insignifiants de cette splendeur, dont elle avait dans les temps fait une si orgueilleuse ostentation ; insensiblement cette conquérante du XVIme siècle s'avançait vers une ruine imminente et l'héritier de Philippe II aurait dû avoir une volonté de fer, une énergie d'acier, pour parvenir à relever l'éclat faiblissant du royaume espagnol, mais au lieu de cela, le fils de

Philippe II et d'Anne d'Autriche, à peine âgé de vingt ans, ne pouvait offrir à ce colosse chancellant qu'une main débile et sans force que dirigeaient encore l'ambition de ses ministres et l'intrigue de ses courtisans. Le 10 Septembre 1609, Philippe III, à l'instigation du duc de Lerme, son premier ministre, signa un édit qui obligeait tous les Maures, sans distinction aucune, à quitter la Péninsule dans le plus bref délai ; 800.000 Maures durent se soumettre, mais une trentaine de mille voulurent résister les armes à la main, à ce qu'ils considéraient comme un acte autoritaire et injuste, mais les gueules de bronze des canons espagnols n'eurent pas de peine à réduire à l'impuissance les malheureux disciples de Mahomet, misérables débris d'une race jadis crainte et redoutée et dont aujourd'hui une poignée de soudards avaient facilement raison. En 1618, Philippe III prit part à cette lutte fameuse qui devait voir couler tant de sang nous voulons parler de la trop fameuse guerre de trente ans, où les troupes protestantes furent battues par l'armée espagnole sous le commandement du Général Marquis de Spinola et que suivit bientôt la mort du roi d'Espagne. A la suite d'une tournée qu'il fit en Portugal où il voulait par sa présence chercher à apaiser l'effervescence du peuple, qui rongeait en silence le frein que lui avait imposé l'espagnol, le roi dut se mettre au lit et mourut quelques temps après, le 31 mars 1621, laissant la couronne à son fils Philippe IV, âgé de seize ans seulement.

Le Portugal asservi sous le joug espagnol ne pouvait continuer à se courber davantage aux volontés du capricieux vainqueur, un seul et unique désir, mais partout dissimulé, agitait la populace et depuis Lisbonne jusqu'au moindre village, tous aspiraient à reconquérir cette liberté et cette indépendance dont ils étaient si fiers jadis, et pour lesquels leurs ancêtres s'étaient fait tuer ; ils voyaient avec douleur ces colonies qu'ils avaient conquises au prix de si grands sacrifices, dévastées maintenant par les Hollandais et les Anglais ; leur royaume laissé comme une proie à la rapacité des agents du régnant et odieusement dévasté par des émissaires arrogants. Ce triste état de choses ne pouvait continuer à persister, le patriotisme emporté et fanatique des Portugais s'alarma en présence de la calamité publique, quelques seigneurs résolurent de délivrer leur pays d'un joug si odieux, et offrirent la couronne au duc de Bragance, issu des anciens roi du Portugal, noble rejeton d'une famille illustre, dont les exploits guerriers étaient déjà notés en lettres d'or dans les fastes militaires du peuple portugais.

L'insurrection qui se préparait sourdement depuis plusieurs années devait éclater tout d'un coup : les conjurés parmi lesquels se trouvait l'élite de la nation se dirigèrent nuitamment comme un torrent furieux vers le palais occupé par la duchesse de Mantoue, vice-reine de Portugal et proche de Philippe IV. Les Portugais franchissent les fossés, escaladent les murailles, abaissent les ponts-levis, brisent les portes et désarment la garde, qui en présence de ce débordement ne cherche pas seulement à résister ; le premier ministre, Vasconcellas, portugais de naissance, mais qui par son hypocrisie et sa tyrannie envers les siens, s'était attiré la haine de ses compatriotes, est poignardé sans merci tandis que le duc de Bragance est proclamé roi de Portugal sous le nom de Jean IV, aux acclamations frénétiques du peuple vainqueur, élection à laquelle les provinces donnèrent plus tard une approbation unanime. Les Espagnols, effrayés de ce revirement, ne firent aucune résistance, partout les garnisons mirent bas les armes, les fonctionnaires espagnols, épouvantés, se sauvèrent à brides abattues vers Madrid, abandonnant leur province et leurs affaires à la merci des conjurés, et six semaines après, le nouveau monarque régnait, comme ses ancêtres, sur tout le Portugal. Les colonies, à leur tour, imitèrent l'exemple de la mère-patrie, partout les Espagnols sont repoussés, culbutés, les Indes et l'Amérique suivant l'exemple donné par leurs sœurs aînées, s'empressèrent de secouer la domination hispanique ; de toutes les provinces que l'Espagne avait conquises en Afrique, il ne lui resta plus que la ville de Ceuta ; les Hollandais gardèrent Ceylan et ne voulurent se dessaisir du Brésil que moyennant quatre millions de ducats (1656).

Après avoir gémi pendant plus d'un demi-siècle sous un joug étranger, les Portugais reconquéraient enfin leur liberté et leur indépendance ;

durant soixante années de servitude, cette vaillante nation était demeurée rivée aux destinées de l'Espagne, conservant de ses fers des stigmates sanglants que le temps n'a pu encore entièrement cicatriser. Successivement leur commerce, leur industrie, leur flotte, leur nationalité, s'étaient effondrés avec leur liberté, mais, cette dernière, ils avaient du moins su la reconquérir noblement; le duc de Bragance, promoteur de cette patriotique insurrection, entraînant par son exemple ses compatriotes à une conquête à la fois grandiose et héroïque, était parvenu à trancher pour toujours de sa royale épée, le lien qui retenait le sceptre de Portugal à la couronne d'Espagne en asseyant le trône sur les fondements de la maison de Bragance qui, de nos jours encore, préside aux destinées du royaume (1640).

CHAPITRE IV

MAISON DE BRAGANCE — LE PORTUGAL ACTUEL SA SITUATION

« Le Portugal est ma patrie d'adoption et
» je dois avant tout me dévouer au bonheur de
» son peuple, mais je n'oublierai jamais que
» je suis née française et mon cœur ne cessera
» d'appartenir à la France. »
(Princesse Marie-Amélie, reine de Portugal, à M. Billot.)

Bientôt devait s'ouvrir pour le Portugal une ère nouvelle de bonheur et de prospérité, il n'était que juste qu'après avoir connu les vicissitudes et les douleurs de la servitude, le Portugais retrouva enfin avec son indépendance et sa gloire de jadis, ces chefs remarquables qui avaient si puissamment concouru à renverser l'ennemi et à déjouer ses projets. Le duc de Bragance qui fut élevé sur le trône, le 1er Décembre 1640, sous le nom de Joam IV, par les patriotes portugais, était petit-fils de Catherine, fille de l'Infant Édouard et petite-fille du roi Emmanuel. La maison de Bragance, dont plusieurs membres avaient déjà leur blason surmonté de la couronne princière, naquit dans la province de Tras-os-Montes, et la ville de

Bragance avec les territoires dépendants étaient son principal apanage. Les Cortès réunis en assemblée extraordinaire n'hésitèrent pas à ratifier l'heureux choix des conjurés et reconnurent comme successeur direct de Jean IV, son fils aîné, Théodore ; ce fut dans cette assemblée que le roi refusa le traitement que lui procurait sa liste civile, prétendant que ses biens personnels et ceux de sa famille suffisaient à l'entretien modeste de sa cour.

Toutes les puissances de l'Europe reconnurent eux aussi le nouveau souverain, à l'exception toutefois du Saint-Siége et de l'Espagne, qui furieuse de se voir ainsi déjouer par ceux qu'elle avait toujours considéré comme ses tributaires et ses vassaux, et de plus inquiète de la solidité avec laquelle le trône de Portugal semblait commencer à asseoir sa base, envoya au contraire vers la frontière l'élite de ses armées, mais elle fut honteusement repoussée avec des pertes énormes. S'apercevant qu'elle ne pouvait rien par la force en présence de l'énergie et du patriotisme des Portugais, l'Espagne résolut de recourir à la ruse et à la bassesse : le cabinet de Madrid était à cette époque dirigé par le duc Olivarès, homme hypocrite et prétentieux qui, voulant parvenir à ses fins, obtint, grâce à l'intrigue et à la persuasion, le concours d'hommes résolus, le chef du Cabinet leur fit jurer que celui que désignerait le hasard du sort tuerait le roi de Portugal. C'était un moyen violent mais sûr de se débarrasser d'un adversaire gênant, mais malheureusement pour le ministre espagnol, grâce à l'indiscrétion d'un des conjurés, cet attentat prémédité contre la maison de Bragance et principalement contre son chef fut connu à temps, les émissaires d'Olivarès furent impitoyablement massacrés par la foule exaspérée d'une politique aussi odieuse et une énergique répression rendit la sécurité au pays, tandis que la population acclamait le souverain et remerciait le Ciel d'avoir éloigné de la tête du jeune monarque, ce bras armé par l'intrigue, la trahison et l'hypocrisie.

Les Indes comme l'Amérique, après avoir secoué le joug espagnol avaient, elles aussi, reconnu comme roi le petit-fils de Catherine; des délégations de ces peuplades à demi-civilisées traversèrent les mers pour venir déposer aux pieds du jeune souverain, de magnifiques présents, témoignage de soumission et de respect que, représentants du peuple, ils étaient chargés de remettre au roi, leur nouveau maître.

Grâce à sa patriotique énergie, le Portugal était parvenu à reconquérir une des premières places dans la hiérarchie des nations et l'éclat illuminant l'écusson portugais augmentait encore l'éclat de la couronne royale et la gloire de Jean IV, qui après quelques années de règne s'éteignit doucement dans son palais de Lisbonne, heureux d'avoir su rendre à sa patrie, non seulement sa liberté mais encore son ancienne splendeur et qui s'il s'était fait craindre comme conquérant, avait su aussi se faire aimer et comme homme et comme roi. Jean IV mourut le 6 novembre 1657, laissant la succession à un enfant à peine âgé de treize ans, qui jusqu'alors n'avait montré que des dispositions fort peu satisfaisantes.

Alphonse VI le jeune roi fut placé sous la tutelle de la reine douairière, Louise de Guzman, femme d'un grand caractère, qui à une intelligence hors ligne, alliait une énergie vraiment remarquable, elle ne douta pas un seul instant qu'aussitôt que les Espagnols auraient appris la mort de Jean IV, ils s'empresseraient de marcher vers le royaume, connaissant l'inexpérience du jeune souverain et comme, d'autre part, les Portugais n'ayant jamais été admis au commandement en chef des armées, étaient dépourvus de généraux habiles, en présence de cette pénurie, de cette infériorité notoire, craignant pour cette indépendance que les patriotes avaient eu tant de peine à reconquérir, la reine mère n'hésita pas à demander à l'étranger des généraux capables et expérimentés à cet effet, elle s'adressa à la France. A cette époque, le trop fameux Cardinal Mazarin dirigeait les affaires de Louis XIV, à la demande de Louise de Guzman, il dépêcha le maréchal de Schomberg, ennemi invétéré des Espagnols, qu'il avait déjà battus à Leucate; les Portugais qui n'avaient à leur tête aucun chef vraiment capable, vraiment habile, suffisamment tacticien pour diriger un combat, combiner un plan de campagne commençaient déjà à désespérer, connaissant la fourberie et l'intrigue de leur ennemi, ils se voyaient de nouveau sous le joug étranger, sous ce joug humiliant et détesté, qui durant tant d'années les avait asservis, qu'ils venaient de secouer après bien des sacrifices et qui semblait devoir s'appesantir bientôt plus lourdement encore sur leurs épaules de vaincus ; c'est au milieu de cette démoralisation de l'armée, de ce désespoir du peuple que l'envoyé de Mazarin arriva à Lisbonne, aux acclamations frénétiques d'une populace en délire, qui confiante, présomptueuse peut-être en l'avenir, voyait dans l'arrivée du soldat français, la délivrance de l'armée portugaise. Le maréchal de Schomberg s'empressa de mettre à profit cette première ardeur pour reformer complètement et à la hâte l'organisation défectueuse de l'armée : de l'élite des soldats on fit des chefs à la fois exercés et expérimentés ; les magasins d'approvisionnement furent amplement pourvus, les munitions et les vivres de guerre furent renouvelés ; les armes, les chevaux, les équipements, etc., furent minutieusement inspectés, tandis que le généralissime, entouré de son état-major, étudiait le pays, combinant les plans d'attaque, fortifiant les points faibles, dégarnissant au contraire les places fortifiées qui n'avaient nulle raison d'être, loin des frontières espagnoles ; le soldat comme l'officier sentait renaître cette confiance qui fait la force principale des armées, et peu de temps après son arrivée, le maréchal de Schomberg, à la tête des troupes portugaises, marchait résolument à la rencontre de l'armée ennemie. Les deux armées se rencontrèrent à Monte-Claros, les Espagnols, dans leur orgueil aveugle, se croyaient déjà vainqueurs d'un adversaire qu'ils savaient démoralisé et abattu, mais froidement, les Portugais se formèrent en bataille, les chefs directs de chaque fraction, même des plus minimes, adoptant la tactique auquelle leur nouveau général les avaient initiés; la cavalerie espagnole, comme un torrent furieux, se précipita sur les bataillons portugais, mais elle ne rencontra que des carrés impénétrables, hérissés de fer, dix fois la charge se reprend, chaque fois plus impétueuse et dix fois c'est la même muraille de fer qui, impitoyablement, déchire, brise, assomme et tue les escadrons surpris, et tout à coup, de ce mur d'acier, s'échappe un feu encore plus meurtrier, tandis que de toutes parts la fusillade éclate d'instant en instant plus fournie et plus terrible, en peu de temps, l'armée espagnole épouvantée est entourée d'un cercle de fer et de flamme, c'est en vain qu'elle cherche à trouer cette barrière meurtrière, ses efforts sont vains, son courage inutile, le cercle se resserre davantage, semblant devoir broyer dans son contour gigantesque cet ennemi, il y a un instant encore si orgueilleux et qui maintenant suppliant, demandait grâce et merci à cet adversaire qu'il avait dédaigné hier et qui aujourd'hui était son vainqueur. La victoire de Monte Claros affermit pour toujours la maison de Bragance sur le trône de Portugal ; le maréchal de Schomberg après avoir complété son œuvre de réforme regagna la France comblé de présents et d'honneur, dès ce moment l'Espagne se résigna à voir la monarchie portugaise vivre et prospérer à côté d'elle, enviant sa gloire et sa richesse, cachant avec peine le dépit d'avoir vu s'échapper une proie si belle et qu'elle avait cru pouvoir si facilement s'approprier ; Rome à son tour imita l'exemple des autres cours de l'Europe, le Pape reconnut le nouveau royaume et expédia enfin aux évêques lusitaniens leurs bulles d'institution.

L'énergie et le sang froid de la reine douairière Louise de Guzman avait sauvé le Portugal et avait éloigné pour longtemps l'envahisseur toujours prêt à fondre sur le royaume ; Alphonse VI qui était encore sous la tutelle de la régente voulant régner par lui-même répudia la protection de sa mère ; sans instruction, sans expérience, le jeune prince présentait dès l'âge le plus tendre les instincts les plus pervers, âgé de quelques années seulement il se battait déjà dans les cours du palais avec les enfants des domestiques et des valets ; plus tard s'échappant nuitamment de la royale demeure, il parcourait les rues de Lisbonne à la tête de jeunes gens tous aussi débauchés que lui et ivre de vins, obéissant aux plus grossiers instincts, il n'avait pas honte d'insulter les femmes et les jeunes filles ; dans les lupanars et les maisons mal famées, il se livrait aux plus dégoutantes orgies et non content de celà il se rendait avec ses tristes compagnons de plaisir aux carrefours des grandes routes, détournait les paysans qui se rendaient au marché matinal de la ville, saccageait les maisons mal cloturées, rentrant le matin au palais, dans ce palais consacré par les hauts faits de ses ancêtres, ennobli par l'héroïque dévouement de la reine, sanctifié par la présence de sa mère, il rentrait dans ce palais couvert non pas de la boue et du sang des combats, mais de la fange des grandes routes, le visage ensanglanté dans des rixes de portefaix, puant le vin, les vêtements en lambeaux souillés et lâches sur son corps amaigri par ces nuits d'émotion, de débauche et de vice. Poussé par sa mère qui avait espéré que le mariage aurait changé cette triste existence, Alphonse VI demanda et obtînt la main de la princesse Marie de Savoie; mais après quelques mois de mariage la jeune princesse comprit tout ce qu'il y avait d'odieux dans la conduite de celui dont elle portait le nom, devant tant d'oubli, devant tant de dépavation elle ne trouva plus dans son cœur de femme que du mépris, et dans son cœur d'épouse que du dédain pour cet homme qui sans pudeur foulait ainsi au pieds un écusson sans tâche que ses aïeux avaient su élever si haut dans les annales de la noblesse; encouragée par le frère même de son mari qui convoitait sa main, Marie demanda le divorce prétendant qu'Alphonse VI miné par des maladies honteuses, exténué par des débauches trop précoces, était incapable de remplir ses devoirs d'époux.

La Compagnie de Jésus prit en main la cause de la reine Marie, mais comme n'était pas de la compétence des Jésuites de pouvoir trancher pareil différend, la cause fut portée au tribunal pontifical, et pendant longtemps ces ignobles débats occupèrent les casuistes de Rome et de Lisbonne, car le cynique Alphonse, malgré les déclarations des docteurs, repoussait les allégations de la reine, osant même, dans son impudeur, offrir qu'on le mit à l'épreuve devant tel témoin qu'on voudrait désigner ; mais une pareille proposition ne pouvait être acceptée et comme ce prince n'avait rien qui put le recommander à la considération, le Saint-Siège prononça la dissolution de son mariage, les Cortès le déclarèrent déchu de la couronne et le peuple applaudit à cet édit qui éloignait d'un trône d'honneur un roi qui n'avait fait que souiller son sceptre et sa couronne. Muni des bulles pontificales, Dom Pedro épousa la reine divorcée et fut déclaré régent du royaume. Alphonse s'enfuit honteusement du Portugal et gagna l'île de Terceira, proche des côtes ; mais, peu de temps après, miné par les maladies, le désespoir et le chagrin, il obtînt la permission de rentrer au Portugal et mourut misérablement dans son domaine de Cintra, le 12 Septembre 1683, tandis qu'à Lisbonne, la foule acclamait le régent et que sous les fenêtres de son palais royal retentissaient les cris de « *Vive Dom Pédro!* »

Un des premiers soucis du nouveau roi, en montant sur le trône, fut de réprimer les excursions nocturnes que les jeunes gens, de plus ou moins bonne famille, faisaient dans les rues de la capitale, imitant en cela le triste exemple que leur avait donné le roi détrôné. Les uns en profitaient pour regarnir leur bourse amincie par des pertes de jeu; d'autres, pour satisfaire leur luxure effrénée, violaient les jeunes filles attardées dans les rues ; d'autres plus hardis pénétraient à main armée dans les habitations, enlevant les femmes, tuant les époux, les frères, les domestiques qui s'opposaient, mais en vain, à ces actes arbitraires. Cet état de choses ne pouvait continuer à subsister. Dom Pedro résolut de rendre la tranquillité à la bourgeoisie et signa des édits très sévères concernant les sorties après le coucher du soleil; il chargea son lieutenant de police de l'exécution de ses volontés; les veilleurs, les alguazils, les gardes de nuit, les soldats du guet eurent leurs cadres augmentés et les habitants des grandes villes purent enfin reposer tranquillement sans craindre ni pour l'or de leur caisse, ni pour l'honneur de leur femme. Non content de réprimer ces désordres qui en jetant la perturbation, souillaient en même temps l'aristocratie, Dom Pedro porta ses investigations jusque dans l'intérieur des couvents, et fit fermer ceux où la morale se trouvait être trop souvent outragée; ne se bornant pas à travailler pour la tranquillité de son peuple, il voulut aussi en assurer la prospérité : il créa des manufactures importantes dans les principaux centres de son royaume; des mécaniciens étrangers furent appelés, on créa avec leur aide et leurs conseils de gigantesques métiers à filer la laine; les draps, les tissus les plus fins devinrent bientôt une ressource précieuse tandis que les vins s'exportaient dans le monde entier et que les nations voisines venaient s'y approvisionner de céréales ; Dom Pedro réorganisa les finances, établit un compte exact de la dette du pays et restaura son crédit ; dans ces divers travaux, le monarque était puissamment secondé par le comte Ericeira, son premier ministre, homme intelligent et dévoué, qui non seulement avait à cœur de plaire à son souverain, mais encore s'efforçait d'assurer à sa patrie la place qui lui revenait et qu'elle aurait dû toujours occuper.

A cette époque, la France, l'Angleterre et quelques autres nations de l'Europe s'étaient constituées en une formidable ligue contre l'Espagne, à la tête de laquelle se trouvaient alors Philippe V. A son insu, le Portugal se plaça sous la dépendance de la Grande-Bretagne qui consentit à protéger le territoire tout entier contre les éventualités de la guerre ; mais qui, en même temps, exigea aussi pour le commerce britannique de nombreuses concessions. Depuis cette époque et pendant plus de cinquante ans, l'industrie et le commerce, l'agriculture et la navigation furent entravées par les clauses de ce traité, les marchandises anglaises surchargèrent tous les entrepôts, tandis que les produits des autres nations en étaient rigoureusement proscrits, l'exportation des produits portugais, qui jadis encombraient les ports, s'arrêta, l'Anglerre ayant fait signer un traité qui interdisait au Portugal tout commerce avec l'étranger. Les laines, les vins, les céréales étaient achetés par l'Angleterre qui, se sachant seule maîtresse des marchés, ne donnaient de ces marchandises que des prix dérisoires. En 1703, l'ambassadeur anglais Methuen fit signer une nouvelle convention par laquelle le Portugal devint tributaire de la Grande-Bretagne, traité fatal qui prit le nom de son auteur « *traité de Methuen* » et qui fut pour le pays une cause d'appauvrissement, car le commerce ne trouvait plus qu'un seul et unique débouché pour ses marchandises : l'Angleterre. En cette époque de crise, Dom Pedro fit tout ce qui était humainement possible pour augmenter le crédit toujours de plus en plus chancellant, mais il ne devait pas voir ses efforts couronnés de succès, la mort vint interrompre son œuvre bienfaitrice et Pedro II mourut le 6 Décembre 1706, dans son palais d'Alcantaro laissant après lui le souvenir d'un roi malheureux mais juste, vertueux et loyal, son fils, Jean V, hérita de sa couronne, il était à peine âgé de 17 ans, mais, en vertu des lois portugaises, il lui était permis de monter sur le trône de ses pères.

A partir de cette époque la gloire du Portugal s'éclipsa, englobée par l'influence de l'Angleterre sous la protection de laquelle le gouvernement portugais s'était placé à la légère. Engagé malgré lui dans la guerre de succession contre l'Espagne, le Portugal n'éprouva que des revers sans jamais recevoir la moindre indemnité, la moindre compensation pour les frais exhorbitants et pour le sang généreux de ses enfants qui, sans profit, inondait le sol envahi. A la bataille d'Almanza, gagnée par le maréchal de Berwick, les Portugais furent sacrifiés pour les Anglais et loin de retirer quelques bénéfices de la victoire de leur allié, ils ne firent qu'y perdre et leur argent et leurs soldats.

En 1709, les Portugais éprouvèrent des pertes considérables à la bataille de Gudina, Duguay-Trouin ravagea les côtes du Brésil et soumit Rio-Janeiro à un impôt de guerre de vingt-cinq millions. Plus tard, lorsque la paix fut signée, le Portugal recouvra les places que les hasards de la guerre avaient mises au pouvoir des Castillans, mais à son tour, il fut obligé d'abandonner celles qu'il avait enlevées à l'Espagne ; ainsi, tout le sang répandu, tous les sacrifices consommés dans ces querelles, en un mot "*tout*" le Portugal le fit en pure perte. Le règne de Jean V fut, malgré sa longue durée, sans gloire et sans profit pour le royaume, il sollicita du pape la permission d'ajouter à son titre de roi, l'épithète "*très fidèle*" il consacra cent cinquante millions de cruzades pour faire du couvent de Mafra le plus riche et le plus magnifique monastère de la chrétienté, du plus pauvre qu'il avait été jusqu'alors. L'agriculture, le commerce, l'industrie, plongés dans le marasme étaient sur le point de s'éteindre, lorsque la mort de Jean V appela sur le trône un régénératenr nouveau, qui devait assurer au Portugal un peu de cette aisance de jadis qui n'existait plus pour le royaume qu'à l'état de souvenir (1750).

Joseph I, fils de Jean V, monta sur le trône le 31 Juillet 1750; homme d'une grande énergie mais non d'une intelligence des plus extraordinaire, il eut la chance de s'adjoindre un conseiller d'une rare capacité : Dom Sébastien Carvalho, comte d'Oeyras, marquis de Pombal, à qui il confia la direction du cabinet. Le marquis de Pombal fut successivement détaché à Londres en 1759, puis délégué en Autriche, où, pendant plusieurs années, il remplit à Vienne les délicates fonctions de secrétaire d'ambassade ; non content de gérer les intérêts de sa patrie et ceux de son maître, Dom Sébastien Carvalho s'appliqua aussi à étudier les usages et les mœurs des différents peuples où il se trouvait en mission, suivant, étudiant minutieusement la politique des chefs des divers états où il était obligé de séjourner, s'appliquant particulièrement à saisir la gestion de leurs affaires, l'administration et l'organisation de leur armée, l'état de leur finance, s'efforçant enfin à étudier, aussi bien à Londres qu'à Vienne, le difficile problème d'une administration sage et économique. C'était là l'homme qu'il fallait au Portugal qui, à la mort de Jean V, se trouvait dans un état voisin de la dissolution ; à peine arrivé au pouvoir, Pombal entreprit de régénérer son pays et d'y faire renaître son antique vigueur et sa puissance d'autrefois, à cet effet, il fallait relever le prestige décroissant du royaume, aussi le premier ministre s'empressa-t-il de traiter avec les principales cours de l'Europe, négocia avec tous les cabinets, indiqua aux ambassadeurs le genre de conduite à tenir à l'étranger, et, de cette manière, fit déjà comprendre aux souverains que le Portugal allait redevenir puissant et comptait bien reconquérir bientôt la place qu'il avait et devait occuper. Si le prestige d'un peuple fait aussi sa force, il importe aussi que son armée soit toujours prête à maintenir ce prestige, à le défendre et à l'élever au besoin, Pombal recommanda aux chefs d'armées le soin de leurs différentes fractions, la cavalerie fut remontée, l'armement fut simplifié, la flotte reçut de nouveaux navires, enfin on ne regarda à aucune dépense pour faire de l'armée portugaise l'une des mieux organisées du continent ; Pombal confia la réforme de la tactique et des réglements militaires à un général fameux le comte de Lippe-Buckebourg, qui se hâta de rétablir la discipline militaire que les règnes précédents n'avaient déjà que trop affaiblie Pombal encouragea l'industrie, fonda plusieurs cités ouvrières et fit construire dans les grands centres des œuvres d'art nombreuses procurant ainsi l'existence à des milliers d'ouvriers ; il favorisa l'agriculture et comme la nation manquait des subsistances nécessaires à son alimentation journalière, le ministre changea les deux tiers des vignes en guérets, empécha l'introduction en Portugal des blés et des bestiaux étrangers, forçant ainsi le peuple à s'occuper lui-même de la culture de sa terre et de l'élevage de ses troupeaux ; il rendit la navigation plus active en favorisant particulièrement les armateurs et les mariniers, accrut l'arrivage des produits du Brésil dans la métropole et les ports dénudés auparavant se remplirent insensiblement des produits exotiques les plus disparates, tandis qu'une population étrange, cosmopolite, se démenait, turbulente et bruyante dans l'activité des quais surchargés. Lorsque de Pombal eut mis un peu d'ordre dans les affaires de l'Etat, il jeta ses regards de réformateur du côté de la cour, où les factions, les cabales et les intrigues marchaient de pair avec les complots de toutes espèces, et bien souvent, entravaient la marche des affaires; la noblesse s'arrogant des droits et des pouvoirs formait une famille à part, semblant vouloir s'imposer au restant du peuple, et, par son orgueil, tendait à former une barrière infranchissable entre elle et la petite bourgeoisie; le premier ministre s'efforça de mettre une limite à ce semblant de suprématie qui aurait pu devenir pour le pays, une source continuelle de discorde et de guerre civile; il dispersa les nobles, ou plutôt en éloigna quelques-uns des marches du trône afin d'y faire admettre quelques représentants du tiers-état; il s'opposa encore de tout son pouvoir à l'extension de la Compagnie de Jésus, dont les disciples, de plus en plus nombreux, formaient à eux seuls une corporation s'élevant à près de 4.000 membres, et leur enleva les vastes domaines qui leur avaient été concédés soit en Europe, soit en Amérique(*). Ces nombreuses réformes attirèrent bientôt au confident de Joseph Ier l'inimité des grands, mais d'un autre coté lui concilia l'estime de la plèbe, c'est-à-dire de la majorité et par conséquent de la force. Non seulement Pombal s'occupa des affaires civiles et militaires, mais il s'initia encore dans les affaires religieuses, il proscrivit les auto-da-fé, éteignit les bûchers que l'inquisition continuait à

(*) Au sujet de cet acte arbitraire du premier ministre marquis de Pombal, nous lisons dans un journal français :

« Les journaux anglais racontent que les entrepreneurs « chargés de la démolition du château San-Antonio à « Rio-de-Joneiro, en faisant des fouilles dans les galeries « souterraines de cet édifice, ont découvert cent douze « caisses de bois avec armatures en fer, seize sacs, le « tout contenant en monnaies d'or espagnoles anciennes, « 70 millions de francs, plus une série de documents « curieux, parmi lesquels un reçu signé par le P. Anton « Desarté, supérieur du collège de la Compagnie de « Jésus, pour une somme de 20 millions en or, destinée a « être payée comme tribut au roi Jean VI de Portugal « et des Algarves à l'occasion de sa visite au Brésil.

« On croit que ces sommes auraient été cachées « par les Jésuites vers 1756, lorsqu'ils se sentaient « menacer par le marquis de Pombal, qui devait sup- « primer leur ordre.

« On a trouvé également une quantité de joyaux, « pièces précieuses, etc. On fait des recherches pour « retrouver 2,400 kilogrammes de poudre d'or et 945 « kilogrammes de lingots qui sont portés dans l'inventaire « faisant mention de ces richesses.

« Ceux qui ont découvert ce trésor ont droit à une « certaine part, mais on se demande à qui reviendra le « reste, à la République du Brésil, au roi du Portugal « ou aux Jésuites? (*Echo du Nord 1891*).

alimenter et renferma l'inquisition dans des bornes restreintes et imposées, il diminua le nombre des prêtres et des moines et mit une limite aux progrès toujours croissants des disciples de Loyola, il alla même jusqu'à indiquer des bornes infranchissables au pouvoir de Rome, règla la juridiction du nonce apostolique et sans ménagement osa faire arrêter l'inquisiteur général, qui, quoique frère naturel du roi fut incarcéré pour avoir essayé de contrecarrer ses projets. Après avoir favorisé le commerce et l'industrie, il créa de nouvelles écoles, fonda des universités et établit des bourses, afin d'augmenter l'émulation et aider ainsi au développement de l'intelligence et aux progrès des arts et des belles lettres.

Mais tandis que le premier ministre de Joseph Ier accomplissait ces réformes si utiles au bien être du pays, une épouvantable catastrophe vint troubler le Portugal et Lisbonne plus qu'aucune autre ville dut y payer un lugubre et triste tribut : le 1er novembre 1755, des oscillations nombreuses firent trembler le sol, les églises s'écroulent, les maisons s'effondrent, des rues entières disparaissent englouties dans le sol qui se referme aussitôt, tandis que des bruits sourds et sinistres annoncent encore de nouveaux désastres ; plus de 30.000 habitants sont ensevelis sous les ruines de ses temples, de ses palais et de ses maisons ; comme pour ajouter davantage à toute l'horreur de ce désastre, le Tage sort de son lit engloutissant dans ses flots des centaines d'habitants, charriant les cadavres décomposés arrachés tout sanglants des ruines écroulées; de cet amas de corps se dégage une odeur pestilentielle qui infecte les eaux et surcharge l'air de miasmes nauséabondes, l'épidémie éclate à son tour, frappant ce qui restait de valide dans la malheureuse cité que l'incendie dévore et que la mer envahit. Loin de se laisser abattre, le marquis de Pombal, que le courage et le sang-froid n'avaient pas abandonné un seul instant, chercha un remède immédiat à tant de maux et un jour que le roi Joseph, effrayé de ces désastres lui disait en présence des ruines de la ville éprouvée : " *Que ferons-nous* " ? Pombal lui répondit froidement : " *Sire, enterrer les morts, songer aux vivants et fermer les portes.* " Aussi s'empressa-t-il de rétablir l'ordre au milieu de la confusion, ne se laissant pas démoraliser par cette série de malheurs et de calamités. Pour ajouter encore à l'horreur de cette pénible période, des êtres sans pudeur et sans nom, profitèrent du désordre général pour parcourir les rues à demi ruinées, tuant, pillant, exerçant leur odieux métier sans crainte de la police, ni des soldats du guet employés à d'autres occupations ; à cette nouvelle, le premier ministre fit aussitôt mander à son palais le lieutenant de police, quelques heures après les agents parcouraient la ville et bientôt plus de deux cents bandits se balancèrent pendus haut et court, aux gibets élevés sur le théâtre même de leurs exploits, à la grande joie des citoyens qui ne savaient plus à qui se vouer en présence de cet autre genre de désastre.

Non content d'avoir porté un remède à ces maux, le premier ministre voulut encore accomplir une œuvre de génie, trois mois après commença la réédification de la ville, et nouveau phénix, Lisbonne sortit de ses décombres !

Les réformes du premier ministre avaient attiré contre le roi qui les avait sanctionnées, l'inimitié, la haine même d'un grand nombre de familles, une conspiration s'était ourdie contre le Chef de l'État et contre son Chef de Cabinet, mais les agents veillaient et Pombal fut averti à temps pour déjouer la tentative d'assasinat qui menaçait les jours de Joseph Ier; le duc Aveiro et le marquis de Tavora, ainsi que leurs familles qui avaient pris une part active à cette conspiration régicide, périrent sous le glaive du bourreau. En 1759, Joseph Ier signa un édit par lequel il expulsait les Jésuites, non seulement du Portugal, mais encore des différentes parties de l'Amérique méridionale où ils avaient fondé des établissements considérables, on les accusait d'entretenir le trouble et l'agitation et d'avoir eux aussi concouru à la tentative d'assasinat ourdie contre le roi, cette accusation était-elle fondée ou non ? Nul ne peut et ne pourra peut-être jamais le dire ! Deux années après avoir signé cet ordre d'expulsion, Joseph Ier mourut, laissant le trône à sa fille Marie et léguant à son premier ministre tout l'inimitié qu'une certaine partie de la population avait vouée aux deux réformateurs. Pombal qui avait à se reprocher d'avoir fait usage, pour réaliser ses projets, d'une violence sans borne, et souvent même d'injustes rigueurs, n'ayant plus pour le soutenir, la protection du roi défunt fut bientôt accusé auprès de la nouvelle reine à laquelle ses ennemis réclamèrent instamment son renvoi et sa mise en jugement. Marie céda à ces instances répétées, un tribunal d'honneur fut constitué, les moindres actes, les moindres faits de l'ex-favori y furent épluchés, discutés, et finalement Pombal fut condamné à payer au trésor une amende de plusieurs milliers de francs et de plus fut privé de ses titres et d'une grande partie de ses richesses. La roche Tarpéienne était près du Capitole! ce grand homme d'Etat qui avait connu les honneurs, qui avait connu la gloire, devait finir misérablement et mourut de chagrin six mois environ après sa disgrâce, au commencement du mois de mai 1782.

La fille de Joseph Ier, en montant sur le trône de Portugal, n'eut pas le bonheur, ou plutôt ne voulut pas avoir la chance d'avoir à la tête de son cabinet un premier ministre aussi capable, aussi fin politique et aussi habile diplomate que celui qui, pendant plusieurs années, avait géré les affaires publiques du roi son père, loin d'aider le marquis de Pombal dans ses sages réformes, elle prêta l'oreille aux adversaires politiques et aux ennemis personnels du ministre et alla jusqu'à permettre qu'on condamnât cet homme qui avait tant fait pour la patrie; aussi le règne de Marie n'offrit-il rien de bien remarquable; cependant cette princesse favorisa l'enseignement dans le royaume : des écoles furent fondées dans un grand nombre de petites bourgades, les villes furent dotées de lycées, les professeurs étrangers les plus renommés furent mandés à la cour, où, réunis en assemblée, ils créèrent la fameuse académie des sciences de Lisbonne dont on élut président le duc de Lafoëns, oncle de la reine. Marie Ire eut deux fils : Dom Gabriel et Dom Juan ; Dom Gabriel, l'aîné, devait à la mort de sa mère, la reine régente, monter sur le trône de ses ancêtres, mais la mort, ce grand médiateur des choses, qui, en aveugle, frappe aussi bien le palais que la chaumière, vint l'enlever prématurément à l'amour de sa mère dont il était l'idole, la reine ne put supporter cette perte et devint folle de chagrin et de désespoir, on s'efforça autant que possible de conserver secret l'état maladif de la pauvre désespérée, mais les serviteurs en ayant eu connaissance, s'empressèrent d'en ébruiter la nouvelle en dehors des murs du palais, les Cortès se réunirent aussitôt, et le pouvoir passa entre les mains du second petit-fils de Joseph Ier, Dom Juan qui prit le nom de Jean V de Portugal.

A cette époque (1793) les idées libérales de 89, qui, depuis si longtemps en France exaltaient et chaque jour ajoutaient à l'effervescence des esprits, venaient de se déclarer ouvertement et comme un volcan crachant sa lave bouillante, se répandaient dans toute l'étendue de l'antique Gaule ; Louis XVI est arrêté, impitoyablement incarcéré avec toute sa famille dans les tours du Temple et n'en sort que pour porter sa tête sur l'échafaud tandis que son fils se mourrait sous le "*social*" enseignement de son étrange précepteur Simon, les marches vermoulues du trône s'écroulent avec cette tête sanglante de roi et la République française est proclamée aux acclamations enthousiastes de millions d'individus, tandis que de toutes parts, les nations se coalisaient eu une ligue formidable contre ce nouveau et hardi système de gouvernement. Sur les instances de son premier ministre, Don Manuel de Godoï, duc d'Alcudia, Charles IV, roi d'Espagne, se mit à la tête d'une ligue à laquelle le Portugal et l'Angleterre s'associèrent également. Les alliés franchirent les Pyrénées et se répandirent en France, mais les troupes républicaines volèrent à leur rencontre, et, avec cette énergie, ce fanatisme presque sauvage qui a fait des moindres soldats de la révolution de véritables héros, repoussèrent les envahisseurs au-delà des montagnes. Mais cela ne suffisait pas aux généraux français, Perignon et Moncey, qui, s'étant d'abord mis sur la défensive, étaient à leur tour devenus les agresseurs, agresseurs acharnés qui, continuant à harceler l'ennemi sans lui laisser ni trêve ni merci, le forcèrent à se soumettre ; Godoï dut signer le traité de Bâle (1796) qui restitua à l'Espagne les places perdues dans cette guerre, mais l'obligeait aussi à donner à la France, toute la portion espagnole de l'île Saint-Domingue. Après la signature de ce traité, qui valut au ministre de Charles IV l'ironique et fastueux titre de "prince de la paix", l'Espagne se détacha de la coalition qu'elle-même avait formée avec l'Angleterre et le Portugal, et signa un traité d'alliance offensive et défensive avec la République française, Non contents d'abandonner ainsi leurs premiers alliés, les Espagnols, suivant servilement les conseils de la France, osèrent déclarer la guerre à l'Angleterre, mais mal leur en prit, car la Grande-Bretagne qui, par sa situation et sa flotte, pouvait revendiquer le titre de " reine des Océans ", fit subir à son adversaire des pertes considérables, la plus grande partie de sa flotte fut coulée à fond, l'Espagne fut obligée de payer un impôt de guerre assez exhorbitant et dût céder aux Anglais plusieurs de ses colonies. Le malheureux résultat de cette expédition fut la cause d'une certaine froideur entre Charles IV et son premier ministre; des intrigues maladroites dirigées par le cabinet de Madrid contre le Directoire y ajoutèrent encore et amenèrent la chûte momentanée de Godoï (1798); mais cette disgrâce fut de courte durée et en 1800, l'ex-officier d'antichambre l'ancien amant de Marie-Louise de Parme, reparaissait sur la scène politique. Bonaparte, qui voulait faire succomber sous les serres de son aigle le léopard anglais, avait, dans son imagination de futur conquérant, rêvé de faire interdir les ports de l'Europe aux navires britanniques, il parvint à décider l'Espagne, qui, depuis 1795, était restée sa servile et aveugle alliée, il parvint à la décider à envahir le Portugal afin de fermer les ports de ce royaume à la Grande-Bretagne; Godoï reçut le commandement en chef du corps d'armée chargé d'occuper le royaume portugais afin de satisfaire le désir de celui dont l'insatiable orgueil allait commander bientôt à l'Europe entière ; les Portugais, effrayés de ces calamités qui, coup sur coup, frappaient leur malheureux pays, s'enfuirent, et Godoï ne rencontra plus que des fuyards ; il allait poursuivre cette conquête facile, lorsqu'il fut tout-à-coup rappelé en Espagne par Charles IV, qui, ayant retrouvé un peu d'énergie et tant soit peu de sentiment, ne voulut pas détrôner son gendre Jean IV, roi de Portugal, pour satisfaire les bons caprices d'un aventurier étranger. Godoï repassa donc la frontière, et, dans son ambition ridicule et déplacée, osa, au retour de cette campagne sans gloire et sans combat, accepter le titre pompeux de " généralissime des armées de terre et de mer de la monarchie espagnole ".

Plus tard (1805), après que l'amiral anglais Nelson eut complètement battu à Trafalgar les escadres combinées françaises et espagnoles, Bonaparte qui à son titre d'empereur joignait une soif incessante de conquêtes, loin d'être sensible aux pertes supportées par son allié, voulut obtenir du roi d'Espagne l'adhésion formelle à la suppression du roi d'Etrurie et la reconnaissance de Joseph, son frère, comme roi de Naples. Charles VII, poussé à bout, s'opposa à cette nouvelle exigence et entra dans la coalition que les monarques du Nord avaient formé contre le grand empereur, mais les projets d'un roi si peu énergique ne devaient guère durer, après qu'Iéna et

Austerlitz furent venus s'ajouter aux hauts faits déjà si nombreux du Corse vainqueur, Charles IV, épouvanté, s'empressa d'abandonner ses nouveaux alliés pour réclamer, avec son pardon, l'aide et la protection du maître de l'Europe; en vain le peuple et la cour espagnole s'indignent de cette vénale servilité, près de cinq mille baïonnettes ont déjà pénétré dans la Péninsule, tandis qu'un corps de 16.000 Espagnols, commandés par le marquis de la Romana se dirige vers la Suède afin de seconder les projets de l'empereur des Français contre l'Angleterre et la Russie (*).

Le Portugal était destiné à payer les frais de cette nouvelle combinaison : les Français qui se trouvaient dans la Péninsule devaient, avec l'aide de deux divisions espagnoles, s'emparer du royaume de Jean VI. Aussitôt conquis, le Portugal serait morcelé : la province d'Entre-Minho-E-Duero offerte comme apanage au roi d'Etrurie, à qui on enlevait la Toscane; les Algarves et l'Alentejo formaient une principauté dévolue à Godoï afin de le récompenser des services qu'il avait rendus aux Français; le restant du royaume devait échoir à l'Espagne.

Le général Junot, qui avait le commandement du corps d'armée français, fit lever le camp le

(*) C'est sur les instances expresses de Napoléon que Charles IV se décida à à envoyer un corps d'armée en Suède, tandis que l'empereur français faisait au contraire entrer en Espagne des milliers de partisans.

17 octobre 1807 et se dirigea à marche forcée vers l'antique Lusitanie, traversa la Bidassoa, se dirigeant vers Salamanque, tandis que les Espagnols se mettaient en mouvement pour occuper les provinces du Portugal dévolues à Charles IV. Si l'on consulte l'histoire des peuples, nulle part, chez aucune nation aussi peu civilisée qu'elle puisse être, à quelque époque qu'elle puisse appartenir, l'on ne pourra voir un chef agir vis-à-vis d'un autre chef d'une manière aussi peu chevaleresque, nous oserions presque dire aussi peu loyale que celle suivie par Napoléon dans l'envahissement du royaume, envahissement qui eut lieu contre le droit des gens et sans aucun avis préliminaire; le gouvernement portugais était si peu averti du danger qui le menaçait que l'armée française n'était plus qu'à vingt-cinq lieues de Lisbonne. Quand les courriers de Jean VI arrivèrent au palais à brides abattues, leurs chevaux couverts d'écume et de poussière, annoncer aux habitants l'arrivée de l'envahisseur; on pouvait même déjà entendre dans le lointain le sourd fracas des caissons d'artillerie et le piaffement saccadé des chevaux, déjà l'armée française entrait tambours battants et mèches allumées dans la capitale, que les voitures de la cour fendant la foule épouvantée, conduisaient sur les bords du Tage la famille royale qui à la hâte s'embarqua pour chercher un refuge au Brésil. Les généraux espagnols Solano et Caraffa s'établirent dans les provinces qui leur étaient assignées et le Portugal tout entier se

trouva à la disposition du conquérant. C'est ainsi qu'au mépris du droit des gens, Napoléon s'adjugea cette riche capture, tandis que Jean VI, le maître véritable et légitime du territoire violé, abandonnait sans combat la terre de ses aïeux, emmenant avec lui sa famille et sa mère en démence (30 novembre 1807).

Tandis que la maison de Bragance allait dans un autre hémisphère chercher la sécurité qui lui manquait en Europe, Napoléon profitant d'une querelle qui avait éclaté entre Charles IV et son fils Ferdinand, prince des Asturies, porta à 100.000 hommes l'effectif de l'armée destinée à opérer en Espagne et plaça cette armée sous les ordres de Murat, son beau frère; puis, adressant au père et au fis désunis des lettres sans aucune valeur, il osa dans sa ridicule et aveugle ambition, déclarer la maison de Bragance déchue du trône et annoncer que désormais le Portugal serait une annexe de l'empire français.

Le général Junot prit possession de Lisbonne au nom de la France, le drapeau aux trois couleurs fut hissé sur la citadelle, imposant de ces hauteurs son ombre victorieuse à ces patriotes qui jamais n'avaient su se courber et qui, aujourd'hui encore, aspiraient déjà au moment de chasser de leurs murs ces étrangers qui s'étaient implantés jusque dans leurs foyers par la violence, l'injustice et la force. La politique violente de l'empereur avait fini par ouvrir les yeux aux Espagnols, par les exaspérer même, mais malheureusement l'Espagne comme du reste toute la Péninsule, se trouvait on ne peut plus mal préparée pour organiser une résistance énergique contre l'oppresseur : point d'autorité centrale reconnue (1) ; aucun homme politique, aucun général vraiment digne d'inspirer la confiance et l'espoir ; pour comble de malheurs, les trésors étaient épuisés ; les arsenaux vidés par les troubles qui depuis quelques temps agitaient le pays tout entier, n'auraient pu seulement fournir une douzaine de grenades ou un baril de poudre ; les troupes les plus expérimentées, les officiers bons tacticiens, les meilleurs généraux avaient été, par l'habile prévoyance de Napoléon, tenus éloignés de leur patrie ; enfin, l'armée française forte de plus de 100.000 hommes occupait les principaux points stratégiques, les places fortes les plus importantes et cependant malgré toutes ces mesures, malgré cette pénurie, le peuple en secret s'excitait à la révolte. Tout-à-coup l'insurrection éclata, elle s'annonça dès le début furieuse, grandiose, et comme une traînée de poudre se répandit dans les campagnes, Bayonne montra l'exemple et ne prenant conseil que de sa haine de l'étranger, fit retentir le cri de guerre à outrance contre les envahisseurs, cri qui devait bientôt retentir dans la Péninsule toute

(1) Napoléon Ier avait fait diriger Charles IV sur Marseille, plus tard sur Compiègne, tandis que Valencay fut la prison de Ferdinand. En 1811, l'ex-roi d'Espagne quitta la France, et se rendit à Rome et ensuite à Naples, où il mourut en 1816.

entière. Les Portugais ne voulurent pas rester sourds à cet appel qui sera ou celui de la délivrance ou celui de la mort, assistés des Anglais, ils culbutèrent les armées impériales et le général Junot fut obligé de battre en retraite devant ces insurgés qu'il paraissait mépriser au début de la campagne. Successivement Soult, Suchet, Masséna volent à travers la Péninsule, semant partout la mort, vainqueurs ici, battus plus loin, la victoire indécise ne sait se décider, Napoléon arrive à son tour, croyant de sa formidable épée, trancher ce nœud gordien qui semble vouloir retenir sa renommée, mais les Anglais l'ont devancé, les Espagnols et les Portugais encouragés par leur présence, firent des prodiges de valeur et après la bataille de Vimeïro, Junot est obligé de se retirer de Lisbonne, Masséna est forcé de battre en retraite devant les positions de Torres-Védras, où Wellington, fortement retranché, résista aux charges répétées des Impériaux ; les Français durent précipitamment gagner l'Espagne et se dirigèrent sur Badagoz. Porto et Olivenza sont encore au pouvoir de l'ennemi, mais la bataille d'Albuhera décide de la victoire en faveur des troupes alliées ; l'habileté des généraux français, la valeur de leurs troupes ne peuvent rien contre le soulèvement général, et le Maréchal de Marmont doit se retirer honteusement devant l'officier anglais qui établit son quartier général à Madrid (1813). Une fois de plus, les Portugais avaient montré aux populations ce que valait leur patriotisme, sans chef, sans conseil, sans appui, ils avaient marché contre un ennemi supérieur et bien discipliné, ils avaient su le repousser et pour toujours la France devait renoncer à cette proie si belle dont elle s'était montrée, trop tôt, si fière et si orgueilleuse.

La maison de Bragance, réfugiée sur un autre continent, suivait avec un intérêt parfaitement compréhensible, les troubles et les changements continuels qui agitaient leur malheureuse patrie, la reine Marie venait d'expirer à Rio-Janeiro et aussitôt après sa mort, Dom Juan prit le titre de Roi du Portugal, mais malgré la paix, malgré la sécurité que paraissaient offrir ses anciens états d'Europe, il persista à résider dans la capitale du Brésil, ne voulant pas exposer son salut ni celui de sa famille dans la tourmente qui à cette époque bouleversait les monarchies, les royautés et les républiques. Le Portugal délaissé, n'était plus qu'une colonie dont l'administration avait été confiée à une junte (1) de gouvernement. Cet oubli ou plutôt cette espèce de dédain de la cour vis-à-vis du royaume excita les murmures de la noblesse portugaise, furieuse de voir par suite de ce dédain royal, s'écrouler tous leurs projets et toutes leurs espérances; les ouvriers et les commerçants ne tardèrent pas eux aussi à se ressentir de cet état de choses, les progressistes profitèrent du mécontentement général et forts de l'inertie du gouvernement, qui ne voulait prendre aucune initiative, s'efforcèrent

(1) *Junte*, se dit en Espagne et en Portugal pour désigner différents conseils et assemblées.

d'implanter en Portugal, les tendances libérales qui commençaient déjà à prévaloir en Espagne, pour arriver plus sûrement à leur but, ils semèrent partout des ferments d'insurrection et quelque temps après, lorsqu'ils jugèrent le peuple suffisamment imbu de leurs principes propres, sans s'inquiéter des dirigeants, ils parcoururent les rues d'Oporto aux cris de : « *Vive Jean VI et sa dynastie, comme chef du Congrès national !* » (24 Octobre 1820). L'expression du mécontentement des progressistes ne devait pas s'arrêter à une simple manifestation de rue, l'insurrection, assez minime dès le début, prit insensiblement de l'extension et gagna petit à petit du terrain ; d'Oporto elle envahit Coïmbre, Lisbonne et les principales villes du royaume, rencontrant partout des partisans fanatiques et exaltés. Un gouvernement provisoire établi dans la capitale, fit procéder à des élections générales, qui eurent pour but de nommer des députés chargés de discuter et d'arrêter en Congrès les bases d'une constitution libérale où tous les intérêts de la nation seraient sauvegardés, et après qu'elle eut été acceptée par le peuple, les autorités civiles, militaires et religieuses en jurèrent solennellement la stricte observance.

Madère, les Açores et les autres pays transatlantiques, ainsi que Para et Rio-Janeiro imitèrent l'exemple de leur sœur aînée, Dom Juan lui-même accepta les bases du nouvel ordre politique promulgué par les Cortès et nommant son fils aîné vice-roi du Brésil, il s'embarqua avec sa famille pour retourner en Europe; après une traversée accidentée, il entra dans le Tage où son navire jeta l'ancre devant Lisbonne, le 5 Juillet 1821. Le peuple, massé sur les rives, acclama le retour de son roi, sans s'inquiéter des dispositions de la reine, qu'il savait adversaire acharnée de la nouvelle loi et de ses promulgateurs; aussitôt débarqué, Jean VI jura la constitution devant le Congrès national réuni à cet effet.

Jean VI, dans son empressement de regagner le Portugal, s'était embarqué à bord de l'un de ses plus fins voiliers, tandis qu'une partie de sa suite ainsi que les délégués brésiliens qui devaient assister à la rédaction de la constitution, ne purent prendre la mer que plus tard et lorsque ces derniers arrivèrent dans la mère-patrie, la constitution était rédigée, adoptée et le roi y avait déjà donné sa sanction royale; en présence de cette indélicatesse, de ce manque d'égards ou plutôt de cet oubli, les députés de la province américaine ne purent dissimuler leur profond dépit et sans admettre aucune sorte d'explications, regagnèrent leur bord afin de retourner à Rio-Janeiro, et arrivés dans leur pays, firent part à leurs collègues de la manière peu courtoise que les Portugais avaient employée à leur égard; le mécontentement, qui depuis le brusque départ du vice-roi agitait déjà la population, trouva une raison plus ou moins suffisante pour se déclarer, le fils aîné de Dom Juan, qui avait été chargé par son père de demeurer en Amérique afin de calmer la susceptibilité des Brésiliens, s'efforça, mais en vain, de calmer cette effervescence populaire; il fut forcé d'accepter le titre de : *Prince régnant et protecteur constitutionnel du Brésil*, en attendant que le roi eut statué sur la décision des Brésiliens de se séparer complètement du Portugal. La navigation, à cette époque, était loin d'atteindre le progrès où elle est arrivée de nos jours, il fallait plusieurs mois pour aller d'un continent à un autre et les Brésiliens, dans leur impatience, n'attendirent pas la réponse de Jean VI, ils se déclarèrent indépendants et la séparation du Portugal et du Brésil fut proclamée tandis que Dom Pedro recevait le titre d'*Empereur constitutionnel du Brésil.*

Cette phase du règne de Jean VI fut pour le roi une période d'agitations et d'ennuis continuels. Tandis que le Brésil arborait l'étendard révolutionnaire, une contre-révolution se préparait d'autre part en Europe; le bas peuple et le clergé, instigués par la reine, ne pouvant, ou pour mieux dire, ne voulant pas s'habituer aux formes constitutionnelles, avaient déjà de longue date, résolu de causer une émeute qui de la capitale devait s'étendre dans tout le royaume, mais chaque fois leur projet avait misérablement avorté, et les canons des arquebuses, l'acier scintillant des baïonnettes savaient par leur seule apparition, réduire au silence les perturbateurs; cependant, ils profitérent de la présence du duc d'Angoulême à Madrid pour préparer la révolte sous laquelle devait bientọt s'écrouler le régime constitutionnel (1823), Dom Juan, qui dans son for intérieur ne demandait pas mieux que de pouvoir agir de sa propre autorité, consentit sans difficulté à devenir roi absolu ou plutôt à abandonner une autorité sans borne et sans limite à la reine et au second de ses fils, Dom Miguel, qui résumait en lui toute la politique de sa mère. Les insurgés, forts de ces premiers succès, s'enhardirent à un tel point que l'émeute devînt une véritable guerre civile, Dom Miguel n'eut pas de honte de se placer à la tête du parti révolté qui voulait détrôner Dom Juan, gênant obstacle toujours prêt à contrebalancer leurs projets. Déjà le roi était sur le point de fléchir en présence de l'exaltation des esprits, lorsque l'ambassadeur français vint à temps pour le faire sortir secrètement du palais et l'entraîner sur un vaisseau anglais mouillé devant Lisbonne et là, enhardi par la présence et les conseils de ce représentant d'un peuple toujours prêt à défendre le droit et l'équité, encouragé par son entourage, Dom Juan, blâmant la conduite de son fils, menaça de le livrer à la vindicte des lois; cette énergie, ce semblant d'énergie, pour mieux dire, sauva sa couronne chancelante, car en présence de l'attitude déterminée de son père, Dom Miguel mit bas les armes, tandis que le roi, toujours entouré de ses partisans les plus fidèles, en un conseil réuni à la hâte, décida d'envoyer le fils coupable en

Autriche, à la cour impériale où il se trouverait sous l'austère surveillance du roi François II. Dom Miguel quitta donc le Portugal, mais la reine, principal instigateur, demeurait en quelque sorte invulnérable au milieu du volcan qu'elle avait allumé et qui agitait encore secrètement une partie assez notable de la population, la reine restait en Portugal toujours ardente à ressaisir le pouvoir, toujours préparant et soudoyant de sourdes agitations, attisant continuellement le foyer de discordes que ni la force ni le droit n'avait pu complètement éteindre. Tant d'alarmes, tant de tracas, tant d'ennuis continuels, tant de dissentiments privés et publics devaient porter le coup fatal à la santé déjà débile du roi, Jean VI s'éteignit le 10 Mars 1826, sans avoir pu rendre à sa patrie cette tranquillité et cette paix intérieure qui font le bonheur d'un peuple, quelque temps avant de mourir, il avait promulgué un décret par lequel il confiait la régence à sa troisième fille, la princesse Isabelle-Marie.

A l'annonce de la mort de Jean VI, une vive douleur s'empara de la majeure partie de la population; cependant, la perte du malheureux roi fut bientôt compensée par l'avènement au trône d'Isabelle, qui, comme princesse, avait déjà su se concilier toutes les sympathies et tous les cœurs. La conduite de la régente fut vraiment digne d'éloges, et dans les pages de l'histoire on ne voit guère d'exemple d'un dévouement, d'une abnégation aussi grande que celle qui anima la jeune souveraine. Dès que le corps de son père fut descendu dans le caveau royal, Isabelle-Marie fit proclamer son frère, Dom Pedro, roi de Portugal; un navire, toutes voiles dehors, fila vers l'Amérique annoncer au fils de Jean VI la mort inattendue de son père. Dans cette circonstance, que devait faire Dom Pedro? De quelle manière s'arrangerait-il pour contenter et Portugais et Brésiliens? Ne pas répondre à l'offre faite par la régente, c'était gravement offenser le royaume et ses représentants; d'autre part, quitter l'Amérique pour aller en Europe, c'était perdre l'empire! Dom Pedro, aussi bon politique que fin diplomate, n'eut pas de peine à lever ces divers obstacles par une décision nette, prompte, et dont, à son avis, chacun devait se trouver satisfait : il abdiqua la couronne de Portugal en faveur de sa fille Dona-Maria-da-Gloria, âgée de huit ans environ, et l'envoya à Lisbonne, après avoir, au préalable, fait précéder son arrivée d'une charte qui établissait deux chambres et créait le gouvernement représentatif avec toutes les attributions royales. Ce nouveau système de gouvernement fut généralement bien accueilli; le bas peuple, qui n'y comprenait pas grand chose, ou plutôt rien du tout, y demeura indifférent, que lui importait à lui que ce fût un roi, un régent, un président ou un conseil qui signât les décrets ou promulgât les lois; qu'on le fît vivre, qu'on le laissât vivre, c'est tout ce qu'il désirait, c'est tout ce qu'il voulait obtenir! Cependant, la veuve de Jean VI profita précisément de cette indifférence pour préparer une nouvelle insurrection en faveur de Dom Miguel et de l'absolutisme. Mais Dom Pedro, depuis longtemps, avait prévu quel aurait été le résultat de cette haine que la reine douairière avait vouée à son père et à lui-même ; en fin politique, il avait cru pouvoir déjouer tous ces calculs en offrant à son frère Dom Miguel la main de sa fille, la jeune princesse Dona Maria, ainsi que la régence jusqu'à la majorité de la jeune reine ; l'infant, qui résidait toujours à la cour de François II, s'empressa d'accepter ces propositions, il jura fidélité à la nouvelle constitution, et le peuple, aveugle et oublieux, plein de confiance dans ces promesses, reçut pompeusement le nouveau régent, le 22 février 1828.

Dom Miguel était donc rentré presque en maître dans la capitale de ce pays, que du vivant de son père il convoitait déjà si ardemment ; loin de veiller aux intérêts du peuple, il s'occupa tout d'abord à s'assurer la couronne, et, faussant sa parole, foulant aux pieds ses promesses et ses serments, il ne s'occupa qu'à conquérir le trône au détriment de sa nièce, à laquelle il était fiancé. Le conseil municipal de Lisbonne, le clergé, la noblesse et le tiers-état, travaillés par les agents de Dom Miguel, le proclamèrent roi, à l'instant même où les navires de Dom Pedro, les navires du roi légitime, abordaient aux quais de la ville ; en présence de ce revirement, les partisans de Dom Pedro s'opposèrent au débarquement de la jeune princesse, qui demeura à bord, afin de prévenir les plus graves incidents. Les provinces à leur tour imitèrent la capitale, ratifièrent la décision des trois ordres, qui, suivant les anciennes formes, avaient été réunis, mais simplement afin de sauver les apparences, car on avait eu soin d'en éloigner les adversaires de l'usurpateur (1828). Les ambassadeurs de Prusse, d'Angleterre, de Russie et de France protestèrent contre cette violation, cette audacieuse transgression de tous les principes de l'équité et du droit, ils en firent part à leur pays respectif, qui les rappela sur le champ, et Dom Pedro, en apprenant la manière peu loyale dont son frère avait tenu la parole donnée, abdiqua la couronne du Brésil pour s'embarquer aussitôt afin de ressaisir celle de sa fille, qu'on lui avait ainsi honteusement frustrée ; d'un autre côté, les généraux Stubbs, Villaflor et Saldanha ne voulurent pas reconnaître le nouveau roi et, se mettant à la tête d'un mouvement constitutionnel, battirent en brêche le pouvoir de Dom Miguel.

Le règne de Dom Miguel s'annonçait donc sous des auspices fort sombres ; à l'intérieur du royaume, la guerre civile et les dissentiments politiques prenaient chaque jour une nouvelle extension ; au nord les armées françaises, à l'ouest les flottes de l'Angleterre, s'apprêtaient à fournir à Dom Pedro les moyens de reconquérir et venger le droit impunément violé ; d'un autre côté, la Prusse ainsi que la Russie avaient également résolu de châtier l'usurpateur. Dom Pedro débarqua à Terceira, ville des îles Açores, qui lui était restée fidèle ; c'est là qu'il établit son quartier général, les généraux français et les amiraux anglais, qui l'y avaient devancé, avaient déjà combiné les divers plans d'attaque et la marche à faire suivre à l'expédition ; de Terceira, l'armée devait pénétrer à Oporto, ville contraire aux Miguelistes ; de ce port devait partir, sous les ordres de l'amiral Napier, une escadre destinée à bloquer le Tage et à empêcher toute communication entre Lisbonne et le restant du pays. Au jour fixé, la flotte mit le cap sur l'embouchure du fleuve portugais, la flotte migueliste est battue à la hauteur du cap Saint-Vincent, tandis que le comte de Villaflor, qui était parvenu à recevoir les ordres de Dom Pedro, franchissant les Algarves, se dirigeait à marches forcées sur Lisbonne, dont il n'eut pas de peine à se faire ouvrir les portes ; Dom Miguel, trop confiant ou plutôt trop présomptueux, s'était dirigé sur Oporto, croyant que Dom Pedro s'y trouvait, il chargea le maréchal de Bourmont d'en commencer le siège immédiat ; mais battu, repoussé dans ses attaques, culbuté par les brusques sorties de ceux qu'il croyait assaillir et qui, au contraire, devenaient les assaillants, l'émissaire de Dom Miguel dut abandonner ses positions ; quant à son maître, honteusement vaincu, il se retira à Santarem.

Vainqueur, Dom Pedro gagna Lisbonne où Villaflor et ses partisans lui avaient déjà préparé une réception grandiose et magnifique ; au lieu de prendre le titre de roi de Portugal, pour lequel il avait fait tant de sacrifices et qui d'ailleurs lui revenait de droit, l'ancien empereur du Brésil prit modestement le titre de régent, en attendant l'arrivée de sa fille, que l'on avait, dès le début de la guerre, éloignée du royaume. Dom Pedro exila les partisans de Dom Miguel, les plus exaltés payèrent de leur vie l'exemple et les conseils pernicieux qu'ils avaient donnés aux autres. Ce n'était là que le commencement des fatalités, car aussitôt que le régent fut parvenu à établir et à consolider sa fille sur le trône, il sévit rigoureusement contre le clergé qui lui avait été contraire dans ses démêlés avec Dom Miguel, son frère, il supprima un grand nombre de couvents et anéantit à tout jamais les tribunaux du Saint-Office (1833).

Dom Miguel, quoique battu, ne désespéra cependant pas de pouvoir ressaisir un jour le pouvoir: Dom Carlos, frère de Ferdinande, après la mort de Ferdinand VII, roi d'Espagne, s'était retiré en Portugal afin de faire cause commune avec Dom Miguel, leur intention était de former dans les deux pays une formidable armée de partisans, et à leur tête, de chercher à s'emparer d'abord de l'un des deux trônes, pour aller ensuite reconquérir l'autre, mais Marie-Christine, veuve de Ferdinand, déjoua à temps toutes ces conceptions, elle envoya un corps de troupe destiné à opérer avec Villaflor, contre les insurgés ; ce corps d'armée était commandé par le Général Rodil, homme capable et officier émérite, tout dévoué à la cause du pays qu'il servait depuis déjà un grand nombre d'années. Villaflor et Rodil se dirigèrent de concert, vers les troupes insurgées, après une charge violente de part et d'autre, les partisans du frère de Dom Pedro furent obligés de battre en retraite et quelques jours après, Dom Carlos et Dom Miguel repoussés, battus, harcelés de toutes parts, étaient obligés de quitter la Péninsule.

Enfin, délivré de son étrange fiancé, Dona Maria put monter paisiblement sur le trône et afin d'assurer dans sa race, la succession de la couronne, elle épousa le Prince de Leuchtenberg, fils du Prince Eugène de Beauharnais, mais à peine marié de quelques mois, le prince mourut sans laisser de descendant. Tous les malheurs à la fois devaient venir frapper la jeune reine dont la jeunesse avait déjà été si éprouvée ; son père, Dom Pedro, après avoir accompli tant d'actions d'éclat, après avoir bouleversé deux continents, s'éteignit paisiblement le 21 Septembre 1834. Quelques temps après la Reine contracta une nouvelle alliance avec le Prince Ferdinand de Saxe-Cobourg-Gotha, dont elle eut plusieurs enfants.

Comme nous l'avons dit au commencement de cet ouvrage, les destinées de l'Espagne et du Portugal ont toujours été unies à des degrés toutefois différents, soit que ces deux pays ne formaient qu'une seule puissance, soit que chacun d'eux formait un royaume distinct de son voisin. Les premières années du règne de Dona Maria furent autant de périodes de trouble et d'agitation, et ce qui ne fit encore qu'accroître l'effervescence des esprits; c'est l'état de fermentation qui régnait en Espagne, ce fut plus tard l'émeute victorieuse de Saint-Ildefonse et enfin la constitution de 1820, imposée à la Reine Marie-Christine d'Espagne. Dona Maria dut également supporter les conséquences de l'agitation espagnole, mais à partir de cette époque, grâce à l'intelligence, au tact et à l'énergie du Prince Ferdinand-Auguste, ces troubles qui continuellement tourmentaient l'une ou l'autre classe de la société disparurent pour faire place au calme et à la tranquillité, mais hélas, au moment où la reine allait profiter du fruit de ses œuvres, et allait pouvoir goûter d'un repos bien mérité, la mort vint l'enlever brusquement à l'admiration et à l'estime de ses sujets (1853).

Maria Dona en mourant légua la couronne à son fils Dom Pedro V, qui, bien qu'âgé de seize ans seulement, montra à peine monté sur le trône, une subtilité d'esprit, une grandeur d'âme et une intelligence si précoce, que son peuple en conçut les plus heureuses destinées pour le pays, et dans son allégresse le surnomma "*el Esperanzoso*" tant on avait espoir en lui, mais malheureusement peu de temps après, en 1861, le jeune prince mourait à son tour, frappé dans la fleur de l'âge, au milieu des œuvres qu'il avait commencées, mais que la mort ne lui permit pas de continuer, laissant à son successeur, Dom Luis, son frère, le soin et l'honneur de les achever.

Dom Luis Ier monta sur le trône à la mort de son frère (1861), l'année suivante il demanda et obtint la main de la fille de Victor-Emmanuel, roi d'Italie ; peu de temps après son avénement au trône, une émeute éclata par suite de l'augmentation des taxes que le gouvernement avait fait décréter, l'émeute prit une certaine extension, et des villes gagna les campagnes; dans plusieurs localités, les bureaux des receveurs furent violés, saccagés, les registres et les rôles des contributions furent brûlés, pendant que la populace ivre de vin, parcourait en armes les rues de la localité, réclamant à grands cris la démission du ministre, auquel elle reprochait la cause de tous ses maux. Cependant on eut pas de peine à réprimer ce commencement d'insurrection, mais quelques temps après, de nouvelles émeutes éclatèrent et se terminèrent bientôt, grâce à l'énergie dont les chefs du pays ne cessèrent jamais de faire preuve. Malgré cette opposition populaire, le nouveau gouvernement entra résolument dans la voie des réformes par l'abolition de la peine capitale pour tout délit, tant civil que politique; de plus, le Portugal suivant en cela l'exemple que lui avait déjà donné quelques pays de l'Europe, adopta le système métrique ; on organisa un crédit foncier, et, réforme importante, les majorats furent abolis. En 1864, le traité de délimitation avec l'Espagne qui durait déjà depuis plusieurs années, fut définitivement achevé ; des routes nouvelles furent tracées et sillonnèrent le royaume en tous sens, faisant de Lisbonne le centre où venait aboutir toutes ces voies qui mettaient la capitale en communication directe avec la province ; on construisit des aqueducs ; les villes furent assainies ; des cités ouvrières, des hôpitaux, des asiles s'élevèrent dans les grands centres industriels ; des canaux nouvellement creusés permirent à ces villes de faire transporter leurs produits jusqu'aux bords de la mer sans devoir supporter des transbordements inutiles et toujours coûteux, les moindres bourgades furent pourvues d'écoles, etc., etc. Mais tous ces travaux, utiles il est vrai, presque nécessaires même, devaient porter dans les caïsses de l'État un vide assez important que le ministre des finances, Fontes Pereira de Mello voulut combler en faisant voter la modification et l'accroissement des anciens impôts de toute nature, même de la contribution foncière, ainsi que le remaniement des impôts indirects, ces réformes furent la cause de nouveaux troubles qui éclatèrent à Porto mais que l'on parvint à réprimer sans que l'armée dut faire usage de ses armes, Lisbonne et plusieurs autres villes suivirent l'exemple de Porto, le gouvernement craignant que ces troubles ne prissent des proportions plus graves qui insensiblement auraient pu occasionner la guerre civile, céda devant la volonté du peuple et les nouveaux impôts furent retirés (1867). En 1868, une nouvelle insurrection surgit en Espagne et nécessairement se fit ressentir en Portugal, il fut un instant question de conférer la couronne d'Espagne soit au prince Ferdinand-Auguste, père du roi, ou à son jeune frère, et de fonder une sorte de fusion des deux peuples, union qui aurait pris le titre d'*Union Ibérique*; mais les Portugais, qui se rappelaient ce que leurs ancêtres avaient eu à souffrir sous le joug espagnol, redoutant que cette union n'amenât la subordination du Portugal à l'Espagne, profitèrent de l'anniversaire de l'avènement au trône de Jean IV de l'illustre maison de Bragance, en 1640, pour faire d'énergiques manifestations contre l'Espagne. En présence de cette exaltation des esprits, les Espagnols abandonnèrent leur idée première, ne voulant pas s'exposer davantage à la vindicte du peuple portugais qui n'avait pu oublier des opprobres datées de près de quatre siècles.

L'une des réformes des plus sages et des plus humanitaires qui à elle seule constitue un titre des plus importants à la gloire de Louis Ier fut l'abolition complète de l'esclavage dans toutes les colonies indistinctement; jusqu'à cette époque, les planteurs pouvaient, grâce à leur argent, s'approprier des esclaves, pauvres êtres qui bien souvent à leur service devenaient pour eux non plus des hommes mais des choses de moindre valeur que des bêtes de somme, dont ils se croyaient les seuls propriétaires et qu'ils allaient bien souvent pour des motifs futiles jusqu'à faire mourir sous les meurtrissures de leur fouet; ému de cette triste situation, le gouvernement soumit à la signature royale un décret abolissant l'esclavage et punissant des peines les plus sévères ceux qui contrairement à la loi, auraient forcément gardé à leur service d'autres serviteurs que des hommes libres. Mais, triste et curieux effet du hasard, comme pour répondre à ce bienfait du roi, cinq cents Portugais environ sont impitoyablement massacrés par les Indigènes du Zambèze; à l'annonce de cette nouvelle un corps d'armée est aussitôt embarqué afin d'aller venger l'honneur du pavillon violé et le souvenir de ces cinq cents martyrs qui étaient morts, au loin, sous un ciel étranger, n'ayant pour les soulager dans leurs derniers moments que les figures grimaçantes et les regards sanguinaires de leurs sauvages assassins.

En 1870, un nouveau cyclone éprouva cruellement les riverains du Tage; le fleuve, franchissant ses digues, se répandit dans les campagnes, détruisant les moissons, les vignobles et les habitations. A Lisbonne, un ministère s'écroule pour faire place à un nouveau cabinet, celui-ci disparaît à son tour et tous n'ont qu'une existence éphémère. Cependant, ces agitations et ces troubles continuels n'empêchèrent pas le Portugal de poursuivre sa réorganisation et de marcher dans la voie des réformes et du progrès. Dom Luiz créa de nouvelles lois, favorisant et étendant l'enseignement pour les enfants des deux sexes; il réorganisa l'administration; améliora le service postal et modifia complètement la loi électorale; il fit achever le code militaire et décida le prolongement des chemins de fer du Douro et du Minho; de toutes parts de nouvelles villes se fondent, les anciennes sont dotées d'améliorations aussi utiles qu'hygiéniques, les quartiers s'embellissent et Lisbonne (1) devint l'une des plus belles villes du monde : « *Quem nao vé Lisboa, nao vé couasa boa* (2).

(1) Parmi les beautés de la capitale portugaise nous remarquons la place du Commerce, immense quadrilatère entouré de portiques, sur le bord du Tage, et au milieu de laquelle se dresse superbement la statue de Joseph I, un arc de triomphe domine les maisons environnantes et donne accès à la rue Auguste. La rue d'or et la rue d'argent sont également des quartiers superbes. Un travail remarquable et qu'il n'est pas permis de passer sous silence c'est le Mai d'Agua do Rato, réservoir gigantesque qui s'élève à 81 mètres au-dessus du niveau de la mer, dont la construction a duré près de 30 ans et a coûté plusieurs millons. Près de la mondaine rue Chiaia, on remarque la statue de l'illustre Camoëns, l'Homére portugais. Au milieu du Tage se dresse un petit îlot formé de sables amoncelés sur lequel se dresse le monastère et la tour de Bélem, bâtis au XVIe siècle, chef-d'œuvre de l'art du moyen âge, cette forteresse carrée, pleine de grâce et d'élégance est vraiment superbe avec ses élégantes galeries et ses colonnettes de marbre. Le roi habite le palais d'Ajuda, la bibliothèque y est de toute beauté et on y remarque également un musée d'une grande valeur, où se trouvent des tableaux signés des plus grands maîtres.

Les Portugais disent avec emphase :

(2) " Qui n'a vu Lisbonne, n'a rien vu de beau "

C'est de l'orgueil, soit, mais c'est un orgueil qui n'est pas tout-à-fait déplacé, car l'on visite bien des villes en Europe qui jouissent d'une certaine réputation et qui sont loin de la valoir.

Hugues le Roux dans son ouvrage " *En Yacht* " fait du Portugal, une description fort brève il est vrai, mais des plus justes, tant au sujet du caractère et des mœurs de ses habitants que des monuments et de l'aspect général du pays. (*Note de l'auteur*).

On a plus d'une fois indiqué la part personnelle qu'avait le chef de l'État dans la réalisation de tous ces travaux d'amélioration, conduits à bonne fin grâce à sa largeur de vues, à la générosité et à la magnanimité de son caractère qui lui faisaient rendre son royaume accessible à tous les hommes de bonne volonté quelle que fut la nationalité à laquelle ils appartenaient. Le roi avait eu la bonne fortune de rencontrer un auxiliaire précieux dans le génie politique de son premier ministre, le général Fontes Percira de Mello, il eut surtout le mérite et le bon esprit de lui conserver le portefeuille malgré les courtisans envieux qui encombraient les marches du trône et qui ouvertement se déclaraient les adversaires acharnés du brave officier. C'est grâce à cette parfaite entente du souverain et de son conseiller que le Portugal se fit vraiment remarquer, surtout après une ère de crise et de souffrance semblable à celle que le royaume venait de traverser; mais, malheureusement, dans les livres de la destinée, les jours de Dom Luiz étaient comptés, le roi s'était retiré dans son château de Cascaës, c'est là que, miné depuis plusieurs mois déjà par une maladie de langueur que les praticiens les plus illustres avaient jugée incurable, il succomba à une série de crises dont les complications déjouèrent les efforts de la science. Partout se répandait déjà le bruit que le docteur viennois Newmann, arrivé expressément de l'Autriche à l'appel de la reine, s'était retiré navré, s'avouant impuissant à combattre le mal qui chaque jour se présentait sous des symptômes de plus en plus effrayants, il n'avait pu dissimuler ses craintes en voyant certains indices de décomposition se manifester aux jambes de son illustre client, suite de l'immobilité trop prolongée à laquelle l'avaient condamné les douleurs sciatiques. Dom Luis mourut le 19 Octobre 1889, pleuré par ses enfants et par sa famille, regretté de ses serviteurs et de son peuple.

En consultant les pages de l'histoire, on est douloureusement surpris en voyant combien souvent, au cours de cette seconde moitié du siècle, l'illustre et loyale maison de Bragance est éprouvée tant dans ses affections que dans ses espérances; en moins de trois ans meurent le roi Dom Fernando, l'Infante Marie, princesse de Saxe, sa fille, ensuite l'Infant Dom Auguste et enfin le roi dont ce dernier deuil avait profondément affecté le moral et aggravé l'état déjà maladif; des sept enfants de la reine Maria de Gloria un seul survécut, l'Infante Antonia, mariée au prince de Hohenzollern.

Dom Luis, en mourant, laissa le souvenir non pas d'un conquérant qui avait cherché sa gloire et sa puissance dans le sang et la mort de ses ennemis, mais d'un roi remarquable par sa sagesse, sa prudence, sa connaissance des hommes et sa douceur inaltérable; nature sans détours, fin politique, d'une intelligence hors ligne, le roi consacrait son temps à l'étude et à l'administration de ses peuples dont il était généralement aimé ; son père, en mourant, lui avait légué un grand fond de philosophie, son ardente passion pour la littérature, pour les arts et tout particulièrement pour la musique. Dans son *buen retiro* du palais d'Adjuda, Dom Luis travaillait avec une persévérance extraordinaire, se plaisait dans la société des gens de lettres, discutant avec eux et restant quelquefois des journées entières à compulser les auteurs anciens pour en analyser les passages les plus remarquables. L'un de ses meilleurs ouvrages est une traduction du poëte anglais Shakspeare, l'*Othello*, traduction qui est considérée au Portugal comme un véritable chef-d'œuvre, tant pour la structure et le style des phrases que pour la fidélité méticuleuse de la version.

Toutes les cours de l'Europe furent douloureusement surprises de la mort de ce roi qui avait si bien su se faire aimer, le roi de Suède particulièrement en fut vivement affecté (*). Dom Luiz mourut après un règne de vingt-huit ans moins quelques jours, et ce règne, on est obligé de le reconnaître, fut pour le pays une source continuelle de fécondité, surtout par le grand nombre de projets d'entreprises nationales, dont il laissa l'exécution à son fils Charles qui devait lui succéder. A la mort de Dom Luiz ce fut donc son

(*) Le roi de Portugal et le roi de Suède s'étaient unis d'amitié lorsque tous deux, jeunes officiers de marine, ils avaient navigué dans les mêmes parages, animés également de la même passion : la poésie.

descendant direct qui prit en main les rênes du gouvernemement. sous le nom de Dom Carlos Ier, marié à la fille de Monseigneur le Comte de Paris, il resserra davantage par cette union les intérêts de la France et du Portugal liés déjà par tant d'intérêts communs, économiques et financiers, et plus encore par un commerce littéraire qui fait de Lisbonne, sous ce rapport, la succursale la plus avantageuse du marché de Paris. L'admirable proclamation que fit le nouveau roi en montant sur le trône nous indique suffisamment quel est le but auquel il veut aboutir en acceptant la couronne ainsi que la politique qu'il n'a cessé de suivre jusqu'à ce jour : « *Dieu a voulu*, dit le jeune souverain, dans son » discours d'ouverture, *mettre un terme préma-* » *turé à la vie du roi Luiz*, *mon père bien-aimé,* » *après un règne de vingt-huit ans qui restera* » *dans l'histoire du pays comme une ère de* » *tolérance, de paix et de grand développement* » *moral et économique. Suivant les institutions* » *politiques de la monarchie, je suis appelé à* » *présider aux destinées du royaume ; pour bien* » *remplir mes devoirs, je puiserai des forces* » *dans le souvenir du roi décédé et dans la* » *vénération avec laquelle le peuple portugais* » *conserve sa mémoire en prenant part à la dou-* » *leur qui aujourd'hui accable la famille royale* » *toute entière. Je serai fidèle aux institutions* » *politiques du pays, je m'efforcerai continuel-* » *lement d'accroître la grandeur et la prospérité*

» *de la patrie et chercherai ainsi à m'attirer*
» *la sympathie et l'affection du peuple.*

» *Je suivrai l'exemple du roi, mon père, en*
» *observant srupuleusement la loi fondamentale*
» *de la monarchie. Je jure de maintenir la*
» *religion catholique, apostolique et romaine et*
» *l'intégrité du royaume, d'observer et de faire*
» *observer la constitution politique de la nation*
» *portugaise ainsi que ses lois, et continuellement*
» *de travailler au bien général du pays.*

» *Je promets de ratifier bientôt ce serment*
» *devant les Cortès. Les ministres actuels reste-*
» *ront investis de leur mandat et continueront*
» *leurs fonctions.....* » Admirables paroles que Dom Carlos a su réaliser, car il a prouvé que son arrivée au pouvoir a été pour le pays une ère nouvelle de liberté, de progrès et de prospérité.

Il y a quelques années, un conflit qui aujourd'hui n'est pas encore terminé, devait s'élever entre le Portugal et l'Angleterre : parmi les immenses colonies portugaises, une des plus riches est certainement celle de Mozambique, située sur la côte orientale de l'Afrique, en face de l'île de Madagascar; d'une végétation luxuriante et fertile, sillonnée de canaux importants, tous à peu près navigables, située sous un climat relativement sain, cette colonie est fort prospère ; l'installation des Portugais dans cette sorte de terre promise remonte déjà à près de 400 ans, et jamais aucune nation, jamais aucune peuplade, n'avait seulement songé à leur contester ce droit de propriété, lorsque l'Angleterre, dans sa soif insatiable d'envahissement et de conquête, crut devoir réclamer une part de cette possession. Un premier conflit avait déjà surgi il y a quelques années, le maréchal de Mac-Mahon, alors Président de la République Française, fut même de part et d'autre désigné comme l'arbitre qui devait trancher la question pendante entre les deux pays. Depuis, un second conflit s'éleva, et voici en quelles circonstances : lorsque le célèbre explorateur Livingstone parcourait en tout sens le continent Africain, il avait dans son escorte une peuplade nègre, les Makalolos, qui s'établirent après le départ précipité du voyageur anglais, sur le territoire portugais, avec l'agrément toutefois du Portugal. A ce moment une mission portugaise s'occupait à étudier le tracé d'un chemin de fer, jalonnant les routes, traçant les courbes nécessaires à l'exécution de cet important ouvrage, les Makalolos, certain jour, les attaquèrent et les Portugais écrasés sous le nombre durent s'enfuir abandonnant leurs morts et leurs blessés au caprice de ces sauvages adversaires. Lorsque le gouvernement apprit la manière violente dont s'étaient comporté ceux qu'il avait courtoisement accueillis sur son territoire, il résolut de venger l'insulte faite au pavillon national, mais l'Angleterre, ayant appris les dispositions du peuple insulté, jugea à propos d'intervenir, et alla jusqu'à réclamer les Makalolos comme ses protégés, et par un ultimatum daté du 11 Janvier 1890, déclara qu'elle ne permettrait l'accès d'aucune troupe au-delà de certaines limites, jusqu'à ce qu'un accord eut été conclu. Le cabinet se soumit aux exigences de la Grande-Bretagne, à condition toutefois que de leur côté les Anglais n'avanceraient pas davantage. Pendant près de dix mois l'on discuta, des débats se continuèrent, des cartes furent dressées puis annulées, des négociations sans fin s'établirent et enfin en Août on dressa une carte définitive qui fixait les limites du territoire Portugais; un traité de délimitation des frontières fut signé par chacun des deux peuples et de plus on y stipula que la libre circulation du Zambèze était accordée à tous les pavillons indistinctement. Tout était donc sur le point de se terminer pour le mieux, mais malheureusement ni le Parlement ni les Cortès n'avaient encore accordé leur sanction à cette dernière convention, lorsque pour la troisième fois devaient éclater de nouvelles difficultés. Aux termes de l'acte conclu entre les deux peuples, le fleuve Maseheke formait au territoire portugais une frontière naturelle toute tracée, cependant le *South African Company* (1), sans se soucier davantage de savoir à qui appartenait le sol qu'elle foulait aux pieds, traversa le Maseheke et vint s'établir chez les Montassas, fort avant dans le pays du Manika; aussitôt protes-

(*) Cette compagnie anglaise a reçu de son gouvernement des droits souverains sur toutes les parties de terres inoccupées dont elles pourraient s'emparer dans ces parages, renfermant, dit-on, des mines d'or assez considérables.

tations, fort compréhensibles d'ailleurs, de la part du Portugal, le cabinet anglais veut paraître donner cette fois raison au droit et satisfaction est rendue au Portugal pour le Manika, mais pour les Montassas, la Compagnie Africaine prétendit qu'ils habitaient en deçà des frontières portugaises et que par conséquent elles se trouvaient sous le pavillon britannique, et afin de donner à leur prétention une apparence de vérité, le "*South African*" fit dresser une carte nouvelle : changea le nom de Mascheke pour le donner à un autre cours d'eau et ainsi les Montassas se trouvèrent en dehors du fleuve-frontière, mais les Portugais répondirent à ces manœuvres intrigantes par l'envoi d'une expédition militaire qui, les armes à la main, sauront repousser les incursions des flibustiers à la solde de la "*South African Company*".

Tandis que dans le restant de l'Europe, plusieurs nations voient leur population décroître de jour en jour, leurs caisses publiques se vider, le Portugal au contraire travaille, le Portugal prospère. Les statistiques, d'ailleurs, sont unanimes à ce sujet. De 1887 à 1889, l'encaissement des recettes de chemin de fer a été de 95 % pour les expéditions de marchandises de toutes sortes, tandis qu'en Espagne, en France et en Belgique, cet accroissement n'était que de 13 %. De 1874 à 1889, la population qui s'élevait à 3.800.000 habitants a monté à cinq millions environ. De 1876 à 1888, les importations et exportations qui étaient de 337 millions, ont atteint la somme de 419.000.000 de francs. Quant aux recettes ordinaires du budget, en 1860 elles s'élevaient à 79 millions tandis que de nos jours elles sont de plus de 230 millions! . . . . .

. . . .

. . . .

Voici notre tâche terminée, nous nous sommes efforcés de relater l'histoire telle quelle est, non en littérateur stylé, esclave de la métaphore, mais en écrivain impartial, sans principes, ni préjugés; ces faits n'ont peut-être en eux rien de bien extraordinaire, mais ils valent mieux pour un peuple que les actions guerrières les plus éclatantes qui ruinent un pays et lui enlèvent le meilleur de son sang, ils prouvent un effort et une continuité dont l'histoire ne peut manquer de lui tenir compte, et nous unissons nos vœux à ceux des vrais amis du Portugal, espérant que le temps ne fera qu'augmenter le bonheur et la prospérité de ce petit mais valeureux peuple, ainsi que la gloire de l'auguste Maison de Bragance-Bourbon.

FIN

TABLE

CHAPITRE | Pages

INTRODUCTION 7

I. — La Péninsule Ibérique, jusqu'à la chute des Musulmans en 1212. — Description physique. — Les habitants, leur origine 9

II. — Formation du royaume de Portugal. — Ses Découvertes et ses Colonies. 41

III. — L'Inquisition au Portugal. 81

IV. — Maison de Bragance. — Le Portugal actuel. — Sa situation 113

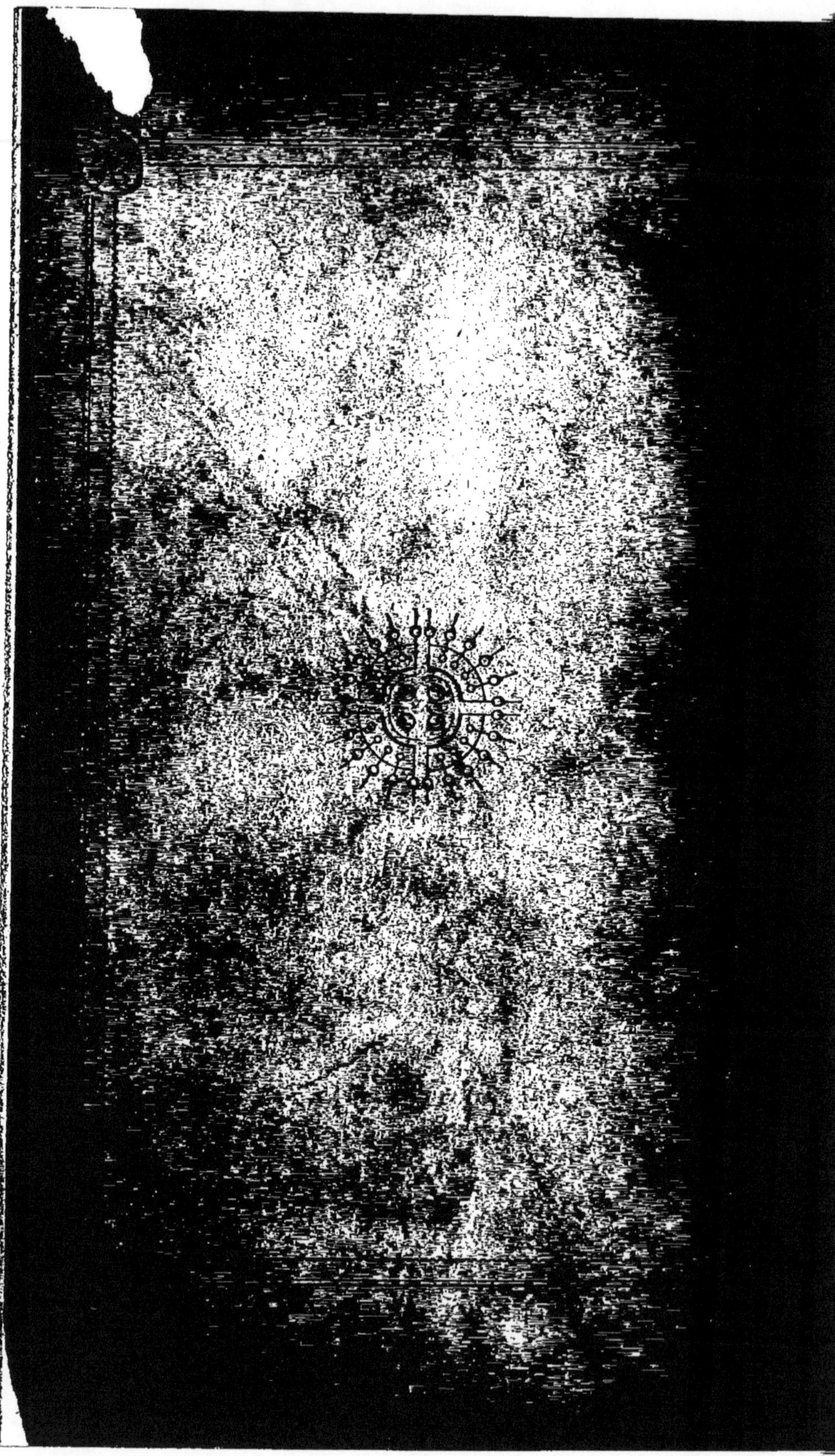

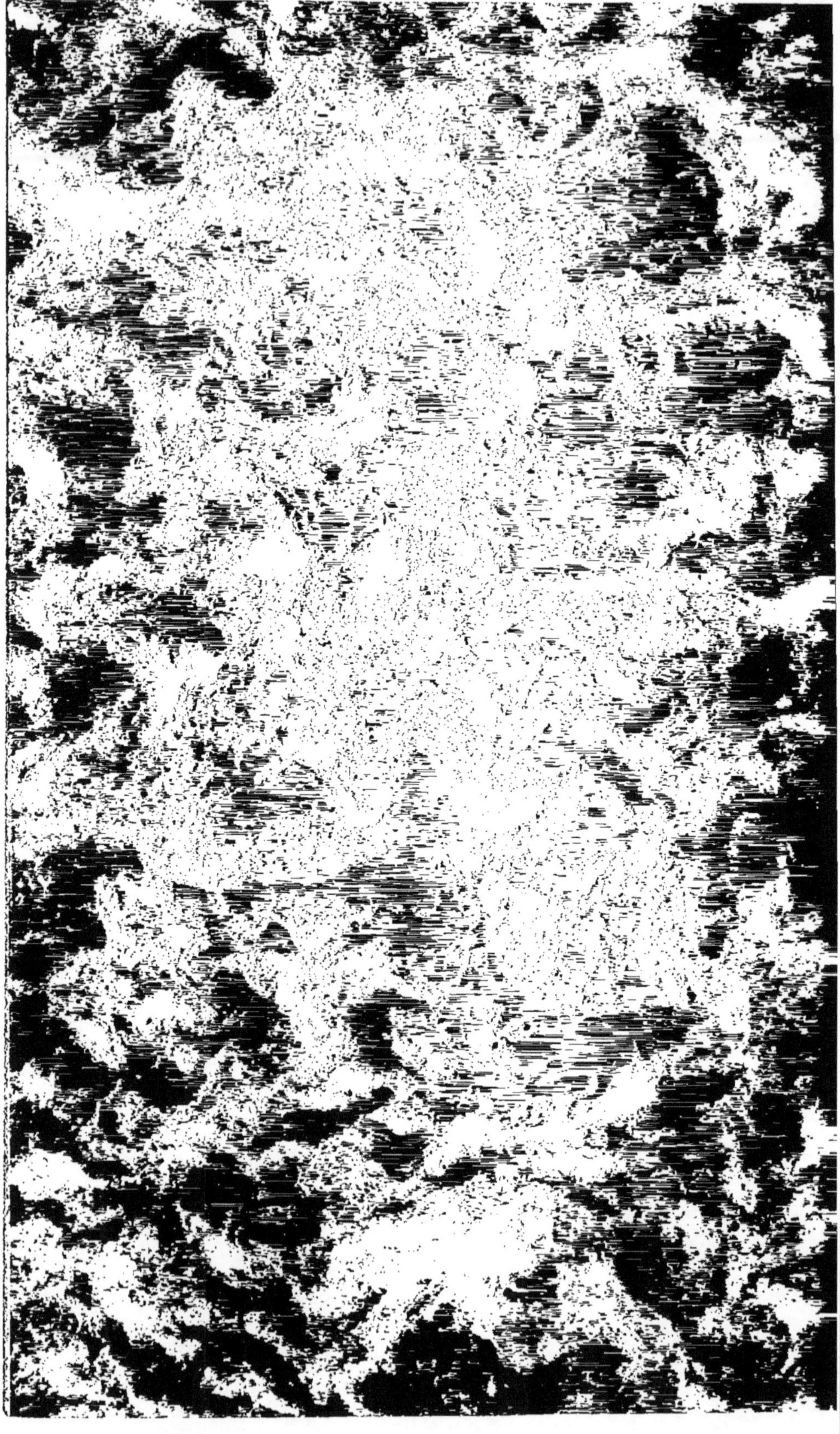

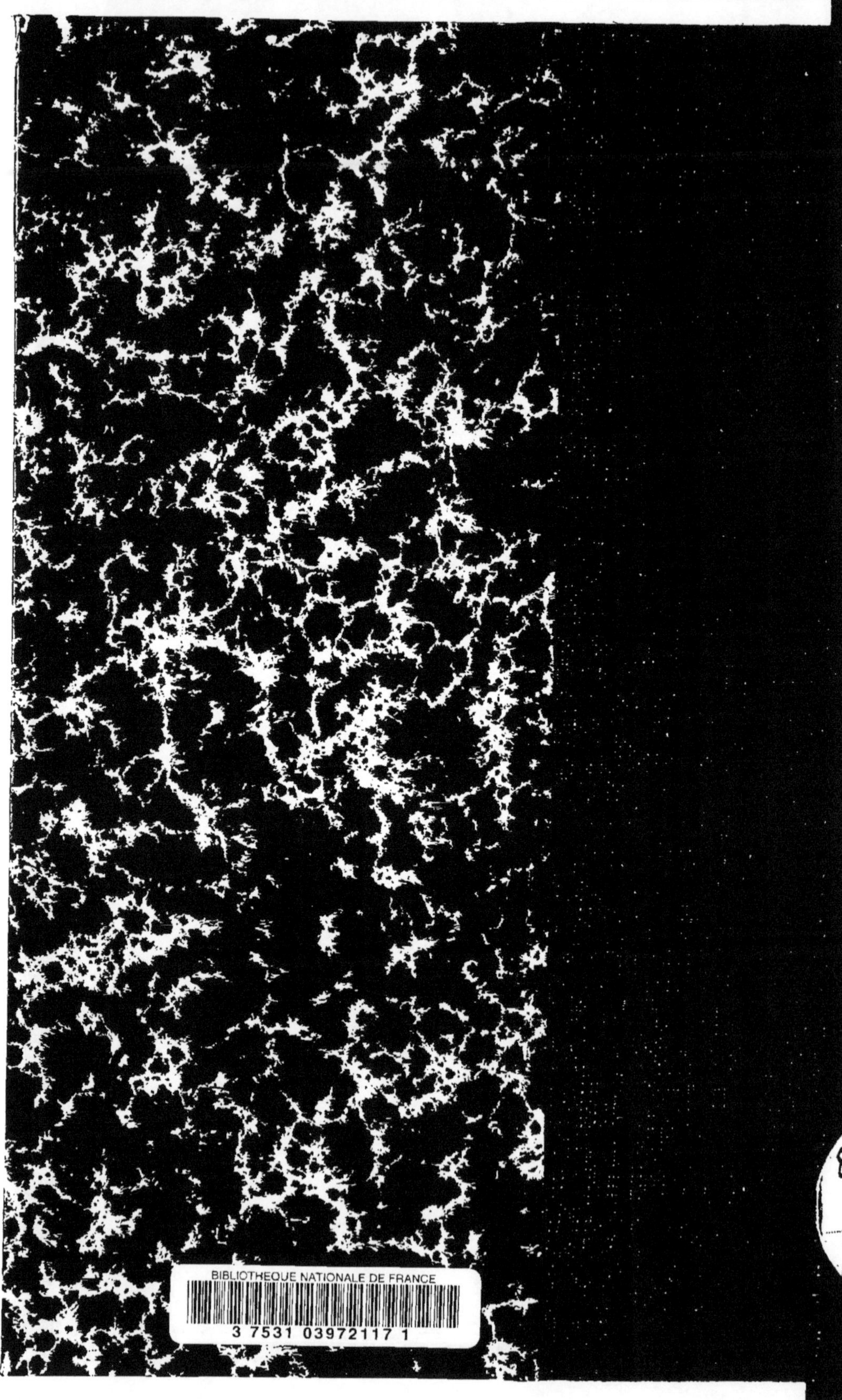
BIBLIOTHEQUE NATIONALE DE FRANCE
3 7531 03972117 1

www.ingramcontent.com/pod-product-compliance
Ingram Content Group UK Ltd.
Pitfield, Milton Keynes, MK11 3LW, UK
UKHW012216240726
13966UKWH00003B/785